基礎学力を問う

21世紀日本の教育への展望

東京大学 学校教育高度化センター 編

東京大学出版会

Core Academic Competences
for the 21st Century Japan
Edited by The Research and Development Center
on School Excellence, Graduate School of Education,
The University of Tokyo
University of Tokyo Press, 2009
ISBN 978-4-13-051316-6

基礎学力を問う――21世紀日本の教育への展望・目次

プロローグ

金子元久

「学力」は二一世紀前半に、日本だけでなく世界各国において、社会がとりくまなければならないもっとも基本的な問題の一つである。我々はその新しい問題の一端にいま気づきはじめたにすぎない。

その背景にあるのは、学校教育の持続的な量的拡大の時代であった二〇世紀に対して、教育の内容や参加形態における恒常的な質的革新の時代としての二一世紀への、発展構造そのものの転換である。それはさらに、道具や機会を介してモノを多量に作ることによって豊かな社会を築くことをテーマとした二〇世紀に対して、知識や能力それ自体の発展によって新しい人間や社会のあり方をもとめる二一世紀へのパラダイムシフトに対応している。

しかも日本ではこうした歴史的な転換が、これまでの近代化の構造の転換と同時に生じた。一三〇年ほど前に、西洋社会に遅れて近代化を始めた日本では、従来の産業とは別に西欧で発展させられた技術や制度を導入して近代部門を形成し、それが成長することによって近代化を進めざるを得なかった。一般の民衆にとっては、こうして形成された近代的部門での雇用は、同時に中産階級の生活を手に入れることにつながったが、そのためには、より高い教育段階、そしてより選抜的な教育機関を卒業することが要求された。それが、より選抜性の高い学校に入学するための激しい競争を生んだのである。

社会全体の観点からすれば、そうした競争を公正におこなう唯一の手段は、それまでの学校での教科の習得度を客観的に試す試験しかない。それが学校における試験準備へのきわめて強いプレッシャーを生んだ。こうした原理は近代化の過程で生じたものであるが、戦後の民主化にともなって、そうした競争への参加の幅が拡大したことによってさらに、その力をつよめていった。

しかし一九八〇年代を境として、そうしたメカニズム自体が脆弱化していく。それは近代化の結果として生じた「豊かな社会」の中で、価値観が転換し、試験への参加を望まない若者が生じ、またはじめからそうした競争への参加をあきらめる子どもも生じるからである。同時に一八歳人口の減少によって生じた高等教育の「ユニバーサル化」は、一元的な受験体制の拘束力を弱めることになる。こうして日本の近代化の過程で生じた、きわめて特殊な「学力」水準は内側から崩れていかざるを得ない。

一九九〇年代末に起こった「学力パニック」は、こうした日本の近代化の大きな転換点において、将来の展望が未だに描かれていないにもかかわらず、従来の発展メカニズムが失われつつあることを、日本の社会が感じとったことによって生じたといえよう。

このように考えてみれば、現在の「学力問題」とは、二一世紀に向けて生きる人間が要求される知識や能力の転換という世界的なレベルの問題と、日本における発展のメカニズムの転換、という問題が輻輳して現れたものだということができよう。

学力問題がこうした深い根をもっているとすれば、その「解決」も、一つのモデルから他のモデルへの単純な「切り替え」で達成されるものではあり得ない。完全で即効的な解決をねらう政策転換が、結果として実質的な成果を生じさせないばかりでなく、結局は様々な混乱を生み出し、ひいては長期的な方向を見失う原因となることは、ここ数年の経緯であまりに明らかではないだろうか。

そうだとすれば、我々は今、どのようにして新しい学力を作る基礎を作っていくことができるのか。とくに教育学を専門とする研究者は何をどのように論ずることによって、新しい展望を切り拓いていくことができるのか。

こうした問題意識をもとに、東京大学大学院教育学研究科では、二〇〇二年に文部科学省二一世紀COE資金をうけて「基礎学力研究開発センター」を発足させた。学力を、認知・学習、学校と教師、制度政策、国際比較、など多様な角度から分析した結果は、各種の報告書（http://www.p.u-tokyo.ac.jp/coe/）に発表し、さらに『日本の教育と基礎学力——危機の構図と改革への展望』（明石書店二〇〇六）を刊行した。

このセンターは二〇〇七年に「学校教育高度化センター」に改組されたが、それは上記の我々の関心が変わったことを意味するのではない。むしろ我々は「学力」を一般的、抽象的な問題としてのみ考えることが、一つの限界をもたらすことを見極めたうえで、今度はそれを具体的な学校教育の内実、とくにその「質」の問題として位置づけることによって、新しい探求の方向を見いだそうとしたのである。

その結節点を示すのが本書である。そうした意味で本書は、「学力」あるいは「基礎学力」とは何かを端的に定義し、その形成の方法を直接に処方するものではない。しかし上述のように我々が直面している問題がきわめて重大で根の深いものであることを考えれば、むしろ、そうした問題にアプローチする過程こそが大きな意味をもつのであり、そうした過程を作る基礎として本書は大きな意味をもつものと考える。

改革論争のポリティクス

1章　学力問題の構図と基礎学力の概念

佐藤　学

1　問題の形成――「学力低下」と「学力格差」

最初に、「学力問題」の成立と展開の約十年間の推移を概観しておこう。「学力」が「問題」として浮上したのは一九九九年である。西村和雄（京都大学大学院経済学研究科教授）と戸瀬信之（慶應義塾大学経済学部教授）が『分数ができない大学生』（岡部慎治ほか編）において、トップレベルの大学生の一〇人に二人が分数の計算ができないという衝撃的な調査結果を発表した。この危機感は多くの大学人において共有されていたといってよい。国公私立大学の学長に「学生の学力」について尋ねた一九九九年の調査では、八三・六％の学長が「低下している」と答えている。

この段階における「学力問題」は、大学生の「学力低下」をめぐる問題であり、その直接的な要因として、①大学入試科目の多様化と少数化、②高校における選択科目の増加、③大学における教養教育の解体、④バブル崩壊後の就職難による大学進学率の上昇、などをあげることができる。

学生の「学力低下」は、高校の教育課程と大学入試の変化によるところが大きい。一九九一年の大学設置基準の緩和以降、ほとんどの大学は教養教育を解体しており、しかも、少しでも受験生を多く獲得するために入試科目を削減していた。それに加えて一九九四年の中央教育審議会以降、高校の教育課程は「多様化」と「選択中心」へと移行していた。たとえば高校の「理科」は一三科目に分化され、そのうち二科目が選択必修とされている。高校における「選択中心の教育課程」と大学における一般教育の解体と入試科目の少数化によって、大学の新入生の教養水準が低下し、受験科目以外の学力が低下するのは当然であった。

しかし、大学生の「学力低下」に端を発した「学力問題」は上記の①②③④の問題として十分に議論されないまま、メディアによって子どもの「学力低下」の問題へとシフトする。その背景は二つある。一つは、一九九八年の学習指導要領の改訂において、文部省（当時）が「教育内容の三割削減」を決定していたことである。もう一つは少子化に伴う高校入試と大学入試における受験競争の衰退である。

文部省による「教育内容の三割削減」は、直接的には学校五日制の導入に伴う措置であった。学校五日制による授業時数の削減は、必然的に教育内容の削減を必要としたのである。文部省による「教育内容の三割削減」にはもうひとつの要因がある。一九九五年に経済同友会が公教育の機能を三分の一に限定し、それ以外の機能を民営化する提言を行って以降、「公教育のスリム化」を掲げる新自由主義のイデオロギーは、教育政策に支配的な影響力を及ぼしている。二〇〇〇年には小渕首相（当時）の諮問機関「二一世紀日本の構想」委員会の第五分科会（教育）も、学校教育の機能を「国のための教育」と「個人のための教育」に二分し、公教育は「国のための教育」に限定し、週五日のうち二日は民営化する改革案を提言している。「教育内容の三割削減」は、「公教育スリム化」の具体策のひとつでもあった。

大学生の「学力低下」問題を子どもの「学力低下」問題へとシフトさせたもうひとつの背景は、受験競争の冷却化による受験産業の危機である。「学力問題」が浮上した時点において、予備校や塾などの受験産業は、少子化と受験競争の冷却化のあおりを受けてバブル期と比較して収益を三割も減少させていた。「学力問題」は経営危機に陥っていた予備校や塾を一気に活性化する転機を生みだした。実際、国民的な集団ヒステリーへと展開する「学力問題」の喧伝において、予備校や塾はマスメディアについで大きな役割をはたした。その成果もあって、受験産業は「学力問題」をめぐる集団ヒステリーが頂点に達した二〇〇五年ごろには「戦後最大の収益」をあげるにいたる。

「学力問題」の対象が大学生から小、中学生へとシフトするにつれ、マスメディアと教育評論家は文部科学省の「ゆとり教育」に対する批判を強めていった。文部科学省の教育政策を「ゆとり教育」と表現することは、正確にいうと事実誤認である。文部科学省は「教育内容の三割削減」について一言も「ゆとり教育」とは表現していない。「ゆとり教育」という表現は、マスメディアと教育評論家が一方的に貼りつけたラベルであった。ただし文部省は、政策文書で一度だけ「ゆとり」という言葉を使っている。一九七八年の学習指導要領において、学校と教師のカリキュラム編成における創造性と自律性を保障するために、「学校裁量の時間」として「ゆとりの時間」が設けられている。文部省の政策文書に「ゆとり」という言葉が登場するのはこのときだけである。文字どおり解釈すれば、「ゆとり教育」は、文部省においては一九七八年の時点で学校と教師の創造性と自律性を強める教育として提示された教育政策を意味していたわけだが、一九九九年以降エスカレートした「学力論争」において、「ゆとり教育」というラベルは別の意味とイメージによって文部省の政策を批判する言葉へと変容している。

しかし「学力論争」の中心の論点であった「ゆとり教育」の意味は、批判者においても反論者においても終始あいまいなままであった。「ゆとり教育」という用語はムードの言葉である。ムードの言葉が政策文書に使用されるのは、近年の教育政策の悪弊のひとつであろう。しかも、論争は「学力低下」を評価する実証的データが不備なままで展開した。批判者が数々の部分的なデータによって「学力低下」の現実を憂慮して批判し、文部省は一〇年ごとに行っている「教育課程実施状況調査」の結果にもとづいて学力は低下していないと反論した。どちらもデータとしては真実なのである。この矛盾を説得的に説明する調査とデータの解釈が行われなかったため、論争は錯綜した。

しかし、「ゆとり教育」を批判した人びとはある共通した特徴を有し、「ゆとり教育」を擁護した人びともある共通した特徴を有していた点に留意する必要がある。「ゆとり教育」を批判した人びとは、教育行政の担当者や教師たちが推進している改革のロマン主義を批判したのである。「総合学習」が批判のターゲットになったのはその結果である。この批判の背景には、アジア通貨ショック以後の経済の国際競争力の低下の危機感があり、科学技術のリーダー養成に対する危機感があり、「国家戦略」として教育改革を推進する意図があった。他方、これらの批判に対抗し「ゆとり教育」を擁護した人びとは、詰めこみ教育の弊害に対する批判があり、受験教育の弊害に対する批判があり、学校と教師の創造性と自律性に対する危機意識があり、能力主義と競争主義の教育に対する批判があった。その意味で、もともと論争はかみあっていなかったし、かみあわないまま進展した。

膠着した事態に転換を生みだしたのは、国際学力テスト（OECDのPISA調査とIEA［国際教育到達度評価学会］のTIMSS調査）の結果であった。IEAは、これまで参加国の小学校五年生と中学校二年生を対象に、一九六四年、八一年、九五年、九九年、二〇〇三年の計五回の調査を行っている。その結果を中学校二年の数学でみると、一九六四年（二位）、八一年（一位）、九五年（三位）、九九年（五位）、二〇〇三年（五位）とランキングが低下している。他方、OECDのPISA調査は、義務教育終了時の一五歳を対象にして、「読解リテラシー」「数学リテラシー」「科学リテラシー」および「問題解決能力」（二〇〇三年のみ）について二〇〇〇年、〇三年、〇六年に学力調査を行っている。その結果も、「読解リテラシー」は八位、一四位、一五位、「数学リテラシー」は一位、六位、一〇位、「科学リテラシー」は二位、二位、六位とランキングにおいて「低下」傾向を示し、これらの調査結果によって「学力低下」の危機は「国家の危機」として広く認識されるにいたる。その結果、二〇〇二年に文部科学省も「学びのすすめ」を発表し、学力向上を教育改革の中心目標として掲げ、〇六年には全国学力テストを導入、〇八年には新学習指導要領において教育内容と授業時数の増加を決定した。

2 学力の実態――「問題」の三つの位相

「学力論争」の議論の展開、およびその基礎となった数々の調査結果による知見を整理しておこう。約一〇年間にわたる議論と政策の推移を総括すると、「学力問題」は三つの次元の「問題」が複合して構成されていた。その第一は「学力低下」の実態と対応に関する「問題」であり、第二は「学力格差」の実態と対応に関する「問題」であり、第三は「学力の質」の実態と対応に関する問題である。

第一の「学力低下」の実態については、日本の子どもの学力水準が「低下傾向」にあることはほぼすべての人びとに了解されてきたといってよい。ただし、それがどの程度の低下であるのか、学力の何が低下しているのかについて、十分な理解が形成されているとはいえないし、その低下がなぜ起こったのかについても合意を形成しているわけではない。「学力低下」の実態について最も説得力をもったのは、TIMSS調査とPISA調査におけるランキングの低下であった。しかし、TIMSS調査におけるランキングの低下は、参加国の増加（香港、韓国、台湾、シンガポール）によるものであり、厳密にいえば、ランキングの低下が即「学力低下」を示しているとはいえない。他方、PISA調査の結果についても、国際的には日本は今なお「トップグループ」のひとつとして評価されており、みかけのランキングの低下ほどに統計的に「学力低下」が深刻かどうかは検討の余地を残している。たとえば文部科学省が二〇〇三年に公表した「教育課程実態調査」の結果をみると、「学力低下」の傾向を認めることはできない。

しかし、これらの調査結果を総合して、学力の実態としてつぎのことは確認してよいだろう。ひとつは、子どもの学力水準が低下傾向にあるのは確実である。この実態に反証する代表的なデータは文部科学省の調査結果であるが、調査される学力の内容を規定する教育課程（学習指導要領）自体が一〇年前と比較して量と水準において低められている以上、同等の得点であれば実態としては「低下傾向」にあるとみてよいだろう。さらに一見すると学力低下が認められない「教育課程実施状況調査」と、学力低下を示すＰＩＳＡ調査の結果は、相互に矛盾しているようにみえるが、それぞれの調査結果はそれぞれ真実であることを認識しておく必要がある。すなわち、文部科学省の「教育課程実施状況調査」が主として基礎的内容の習得の程度を測定しているのに対して、ＰＩＳＡ調査は「知識の活用能力」を調査しており、より発展的な能力を対象としていたことを想起すれば、この二つの調査結果は矛盾しているよりも、それぞれが妥当であり、相互補完的に日本の子どもの学力の実態を明らかにしているのだといえよう。二つの調査結果は、日本の子どもの学力が「基礎的内容や技能」においてよりも「発展的内容」において欠落していることを示している。

もうひとつ、「学力低下」において確認すべきことは、ＰＩＳＡ調査の結果、あるいはＴＩＭＳＳ調査の結果をみると、一九九九年以降の「学力低下」の速度が著しいことである。これほど急な転落を示している国は、他には見いだせない。実際、諸外国の調査関係者から日本の急な転落については数多くの疑問が寄せられている。しかし、この疑問に説得的に答える見解や研究は不十分である。しかも、皮肉なことに、この急な転落は、日本の教育政策と教育実践において「学力向上」の施策が最も活発に展開されたなかで進行した。この結果が「学力向上」の政策と実践の結果生じたという事実は、今後本格的に検討されるべき中心課題のひとつである。

「学力問題」の第二の位相は、「格差」問題である。この「格差」は二つの意味をもっている。ひとつは学力自体の優劣の格差である狭義の「教育格差」であり、もうひとつは学力分布における「社会(階級、階層、性、地域)格差」である。これまで日本の学力は、国際的にみて「教育格差」においても「社会格差」においても少ない「平等な教育」として諸外国に評価されてきた。確かにPISA二〇〇〇、PISA二〇〇三の調査結果をみると、日本はフィンランドと同様、学力の格差が少なく、家庭の社会文化的背景が学力格差に与える影響が少ない特徴を示している。しかし、PISA二〇〇〇、PISA二〇〇三、PISA二〇〇六の調査結果を通時的にみると、この期間に学力格差の拡大が他の国より顕著であることも同時に示している。学力の格差では、特に中位レベルの子どもたちの学力の下位レベルへの転落は著しく、「平等」神話は崩壊しつつある。また、学力の学校間格差、学校内格差も拡大しており、家庭の社会文化的背景の影響も大きくなりつつある。また、二〇〇七年から実施された全国学力調査の結果は、これまで不透明であった学力の地域格差が大きいことも示している。

「学力格差」の危機を表明してきたのは、苅谷剛彦、志水宏吉、耳塚寛明ら教育社会学者たちである。苅谷らは独自の調査結果にもとづき、学力格差が親の教育歴、家庭の社会階層に対応して拡大する傾向を明らかにしてきた。これらの調査結果は、教師や市民の実感に沿うものであり、いまや多くの人びとの常識になったといってよい。

しかし、「学力格差」の拡大がなぜ進行しているのかについての解釈については、研究者の間で一致をみているわけではない。たとえば、苅谷は文部科学省と教師たちが推進した「子ども中心の教育」(「ゆとり教育」)が、その意図とは逆に、学力の階層間格差を拡大したと考察している。それに対して、筆者は「学力問題」が浮上して以降、現場に急速に拡大したドリル中心の教育と習熟度別指導(トラッキング)が、学力の「教育格差」と「社会格差」を拡大する機能をはたしたと説明している。いずれも政策意図とその結果の矛盾をつくものであり、より本格的な政策評価の研究が求められている。

「学力問題」の第三の位相は、「学力の質」の問題である。「学力の質」の問題は、「学力低下」や「学力格差」の問題と比べて専門的議論を必要としているだけに、マスメディアや教育評論家の議論や教育政策の決定において十分に検討されてはこなかった。しかし、学力への国際的な関心が、グローバリゼーションによる急激な社会変動を背景とするものであり、先進諸国においては特に高度知識社会への移行期における教育改革のありかたを問うものであることを考えれば、「学力問題」の中心は「学力の質」において議論されるべきであった。

「学力の質」に対する関心の欠如は、教育政策に端的に示されている。「学力論争」の発端となった文部省の「教育内容の三割削減」も、先進諸国の教育改革が「量」から「質」へと転換している事情を考慮せずに実行された。それに対する批判も同様である。「教育内容の三割削減」は、高度知識社会への対応、生涯学習社会への対応、ポスト産業主義社会への対応、分権改革への対応として、どの先進諸国もほぼ共通して遂行している教育内容の精選（学びの様式の転換）と形式的には符合していた。この政策の問題の本質は、教育内容の精選が「質」の向上を目的とするものではなく、逆に「質」の低下を伴って遂行されたことにある。文部省における「教育内容の三割削減」の方法は、上級の学年で繰り返し登場する内容は削減するという方法で行われ、その結果、各学年の教育内容のレベルが低下しただけでなく、各学年を一貫する教育内容の中心概念が空洞化することによって質の低下を引き起こした。

教育再生会議の提案を受けて実行された新学習指導要領（二〇〇八年）における授業時数と教育内容の大幅な増加も、同様のあやまちをおかしている。ＰＩＳＡ調査の結果を詳細に検討すれば明らかだが、日本よりも優秀な成績を獲得しているフィンランド、オーストラリア、カナダなどの国々は、いずれも日本より授業時数の少ない国々であり、教育内容の精選を達成した国々である。逆に、授業時数の多い国、教育内容の多い国は、皮肉にも学力水準が低い結果を示している。これらの結果は、教育が「量」の時代から「質」の時代へとシフトしていることを示している。この時代の変化を考慮せず、教育の「質」が低いままで教育内容と授業時数を増やすならば、教師と子どもの負担を増加させるだけでなく、ますます「学力低下」に拍車をかける結果になりかねない。

「学力の質」において数々の調査結果を総括すると、日本の学力は「基礎的な知識と技能」の修得においては一定の水準を維持しているが、「知識の活用」やその「探究」や「表現」においては不十分である、という特徴を示している。しかし、この一〇年間における教育政策と教育実践と教育論議をみるかぎり、「学力低下」や「学力格差」と比べて「学力の質」についての追求と検討は十分ではない。特に、「学力の質」については、学力が形成される授業過程における学びの質の改善が不可欠であるが、「学力向上」の取りくみは、しばしば教室にドリル学習とテストを氾濫させ、学びの質の向上を阻害する結果ももたらしてきた。また「学力の質」に最も影響を与えるのは教師の質である。事実、多くの調査研究が「学力」の達成度と最も相関するのが「教師の教養（市民的教養、教科の教養、教職専門の教養）」であることを示している。その意味でも、教師の「質」を「学力の質」と結びつける政策も実践も乏しいのが現状である。

3 「学力」概念の多様性とそのあいまいさ

「学力向上」について議論し、政策を決定し実践を遂行するうえで最もやっかいなことがらのひとつは、「学力」あるいは「基礎学力」の概念があいまいなことである。そのあいまいさには二つの要因が絡んでいる。ひとつは「学力」という日本語の特殊性によるあいまいさである。「学力」は英語の「achievement」の翻訳語として成立した用語であるが、その訳語に「力」という文字が入ることによって元の英語の「achievement」とは異なる意味とイメージをもつものとなった。英語の「achievement」は学校における学習到達度を示し、より狭義には、テストで測定された学習到達度を意味している。しかし、一般に日本で使用されている「学力」は「力」という含意により、英語の「achievement」以上の意味を含意している。そのため、人により多種多様な学力観が語られている。「テストでは測定できない学力がある」「見える学力と見えない学力がある」「学力は学習の結果だけではなく学習する能力も意味している」「学力は生きる力である」「学力は知識や技能だけでなく関心や意欲や態度も含んでいる」などなど。これらの学力観は、どれも頻繁に語られる言いまわしであるが、そのいずれもが英語の「achievement」とは異なる概念である。英語の「achievement」は、それ自体に「力」の観念を含んではいないし、テストによる測定なしに想定されてはいないからである。

「学力」あるいは「基礎学力」の概念のあいまいさのもうひとつの要因は、その多様性と検証不能性にある。仮に「学力は○○である」と定義した場合、そのような定義は論者の考えかたによっていくらでも成立しうる。しかも、そのように定義される学力の概念は、実証的、科学的、論理的な根拠から導き出されているわけではないので、何とでも定義しうるし、逆に多様な定義に対して批判も検証も不可能である。つまるところ、学力の概念は人それぞれの「見かた」を示したにすぎない。

したがって、筆者自身は「学力」を英語の「achievement」の意味に限定して使用することを提唱してきた。英語の「achievement」の意味に限定するならば、「学力」は「テストで測定された学校の教育内容の学習の到達度」であり、それ以上でもそれ以下でもない。

しかし、現実には「学力」概念はほとんどの人びとがそれぞれの定義に沿って活用してきた。それらの概念は人によって千差万別というのが実情である。その多様性に対して一義的な定義を与えることは誰にとっても不可能である。一部には「学力」の定義のあいまいさを教育学研究者の責任とする意見もあるが、どのような学術的研究においても「学力」を一義的に定義することは不可能だろう。「学力（基礎学力）とは何か」という問いは、「学力」概念が人それぞれの「見かた」として提示されている以上、学問的には解決しようのない問いである。

したがって、「学力」の概念の扱いにおいて重要なことは、政策決定や実践の遂行において学力観の多様性を尊重することであろう。「これこそが学力」という単一の定義や規定は、教育政策や教育実践を画一化し、その多様性と創造性を制限することとなる。とはいえ、多様な学力観に対するメタ分析は必要である。

学力観におけるメタ分析において中心的な問いは、「現代という時代はどのような学びを学校に要請しているのか」「その要請に対して学校はどのように応えているのか」という問いかけである。この問いに対して、一連の学力調査や学力論議や学力政策は、どのように応えているのだろうか。

4 「ＰＩＳＡ型学力」の性格と特徴

二一世紀の社会における「学力」あるいは「基礎学力」の概念をメタレベルで検討するうえで、ＯＥＣＤのＰＩＳＡ調査において提示された「コンピテンス」と「リテラシー」の概念の貢献は大きい。ＯＥＣＤのＰＩＳＡ調査委員会は、国際学力調査を企画し実施するにあたって、二一世紀の社会を高度知識社会と規定し、現在の子どもが成人となる二〇二〇年においてＯＥＣＤ加盟三〇ヵ国における労働市場全体に占める生産労働者の割合は、多いところでも一〇％、少ないところでは四％程度に減少する見とおしを立てている。高度知識社会においては生産主義の社会とは異なり、モノやモノの生産が市場経済の中心になるのではなく、知識や情報や対人サービスが市場経済の中心を構成する。その知識高度社会において要求される一般能力が「コンピテンス」であり、その「コンピテンス」を学校教科の領域において具体化した知的能力が「リテラシー」である。

ＰＩＳＡ調査委員会の提起する「コンピテンス」と「リテラシー」は、日本の学力政策においても現実的な影響を及ぼしている。二〇〇八年に公表された新学習指導要領は、二一世紀の社会を「知識基盤社会」と性格づけ、ＰＩＳＡ調査委員会の示す「コンピテンス」の概念を積極的に導入して「知識の活用による思考力、表現力、判断力」の育成を教育課程改革の主要な眼目として打ちだしている。

この政策決定に対して、つぎの二つの理論的検討が必要である。第一は、ＰＩＳＡ調査委員会の提示する「コンピテンス」と「リテラシー」は、二一世紀の学校教育のグローバル・スタンダードとして承認すべきものだろうかという問いである。第二は、新学習指導要領の学力政策は、PISA調査委員会の「コンピテンス」と「リテラシー」の概念を参照軸として評価したとき、合理的で妥当といえるかどうかの検討である。

まず新学習指導要領の特質について総括的に検討し、それをふまえて「PISA型学力」の検討へと入ることにしよう。

新学習指導要領の特徴を列挙すると、①二一世紀の社会を「知識基盤社会」と性格づけ、「知識基盤社会」への対応として「知識の活用能力」(コンピテンス)の教育を掲げ、この「PISA型学力」によって「生きる力」を新たに性格づけたこと、②「学力論争」への回答として「知識・技能の習得」と「思考力・判断力・表現力」の「バランス」を強調したこと、③教育課程全体にわたって「言語活動」「道徳教育」「伝統文化」を重視したこと、④理数教育の比率を高めたこと、⑤小学校から英語教育を導入したこと、⑥授業時数と教育内容の大幅な増加をはかったことなどである。

一瞥して知られるように、新学習指導要領は「学力低下」をめぐる議論に対する文部科学省の回答書として読むことができる。その意味で新学習指導要領は、教師や教育行政関係者に向けて書かれたというよりも、教育の外野の人びとに対して文部科学省の見解と政策を説明する文書だという性格が濃厚である。そもそも「学力低下」の危機感は、初等中等教育の教師や教育行政関係者から提起されたわけではなく、経済界、政界、メディア、教育産業、大学関係者から提起されていた。「学力問題」

への関心は教育界の内と外では異なっていた。初等中等教育の教師や教育行政関係者の関心は「学力低下」よりむしろ「学力格差」にあり、「学習意欲の衰退」（学びからの逃走）にあった。しかし、新学習指導要領は教師を対象とする文書でありながら、奇妙なことに「学力格差」はほとんど問題にせず、「学力低下」の克服を主眼として叙述されている。しかし、その叙述は説得力をもちえているだろうか。

新学習指導要領が二一世紀の社会を「知識基盤社会」と規定し、OECDのPISA調査の学力概念を参照して「知識の活用能力」を教育目標として掲げたことは評価されてよい。一九九八年の学習指導要領を準備した中央教育審議会の答申が「先行き不透明な時代」という表現以上に社会像を提示せず、「不易」と「流行」の二つの原理で内容編成を行ったのと比べれば、その差異は明瞭である。新学習指導要領は二一世紀の社会を「知識基盤社会」と明確に規定したうえで学力政策を基礎づけている。しかし、この変化は他の先進諸国と比べて二〇年遅い対応といわざるをえない。他の先進諸国はいずれも約二〇年前に二一世紀の社会を「高度知識社会」と規定し、高度知識社会がグローバリゼーションによる産業主義社会からポスト産業主義社会への移行の産物であると政策文書に明記し、高度知識社会への対応をナショナル・カリキュラムと政策の中心テーマとしていた。

新学習指導要領における二一世紀の社会（現代社会）への対応が一面的であることも無視することができない。二一世紀の社会において教育は、①高度知識社会への対応、②多文化共生社会への対応、③リスク社会・格差社会への対応、④市民社会の成熟に向けての対応という四つの対応が求められている。しかし、新学習指導要領は①の高度知識社会（「知識基盤社会」）への対応を示しているだけで、②の多文化共生社会への対応についても、③のリスク社会・格差社会への対応についても、④の市民社会の成熟に向けての対応についても、総論においてほとんど言及していないし、各教科領域の内容においても②③④への対応はほとんど認めることができない。

新学習指導要領を基礎づけている危機感は二つである。一つは、「高度知識基盤社会」において科学技術の国際競争を推進する指導的人材における学力の危機である。もう一つはグローバリゼーションによるナショナル・アイデンティティの危機、なかでも国民道徳の危機である。この二つの危機感が示すように、新学習指導要領は新たなポスト産業主義の時代における「知識基盤社会」への対応と、グローバリゼーションによって派生するナショナル・アイデンティティ崩壊の危機感による復古的道徳への固執という二つの方向に分裂しており、この分裂が内容編成において数々の矛盾を生みだす基盤となっている。

たとえば新学習指導要領は「公共的道徳」の危機を唱えながら、グローバル・スタンダードといってよい市民性（citizenship）の教育についてはひとことも言及せず、「愛国心」と「道徳」の強調に終始している。新学習指導要領は「科学技術立国」の基礎として理数教育の充実を主要政策のひとつとしているが、その各教科において徳育を行うことを要求している。はたして各教科書会社は数学の教科における徳育をどのような内容で準備することになるのだろうか。想像することさえ困難な要求である。

新学習指導要領について、もうひとつ看過しえない問題がある。学習指導要領の制度問題である。新学習指導要領は、教育課程行政の制度的次元において、つぎの二つの特徴を示している。

第一は、教育基本法改正に伴う学校教育法改正による学習指導要領の変化である。旧学校教育法第一八条は「義務教育」の内容を八領域で示していた。この規定は「義務教育」の目的を普通教育(general education)に求め、普通教育の内容を領域で示した規定であった。しかし改正学校教育法第二一条は、改正教育基本法の前文、第一条、第二条、第五条に盛り込まれた教育の理念と規範と目標にもとづいて、教育内容を「知識」「技能」にとどまらず「態度」を含むものへと拡張し、普通教育の概念と性格の枠組みを越えて、義務教育の目標と内容を、国家規範と国家戦略に結合する規定へと変化している。新学習指導要領は学校教育法第二一条の改正を受けて、普通教育としての公教育の内容領域を提示する文書から、国家戦略と国家規範を教育内容に具体化する政策を表明する文書へと変貌したのである。新学習指導要領は、その結果、国家戦略としての学力政策を提示する文書となり、これまで以上に教育の内容と方法に直接的かつ具体的に介入する性格を強めている。

第二は、新学習指導要領の中央集権的統制が持続され、分権改革に逆行している点である。カリキュラム行政における分権改革は世界各国に共通した現象であり、グローバル・スタンダードといってよい。どの国も教育改革を国家戦略として位置づけ、ナショナル・テストによる中央集権的評価を推進しているのも事実であるが、もう一方で、カリキュラム政策と教師政策においては分権改革を推進し、国家が定める教育内容を大綱化し、カリキュラム編成の権限および学校経営に関する権限を、中央の教育行政機関から学校と教師に委譲する改革を実施している。

もともと中央集権的統制の強い日本の教育課程行政において、教育内容の編成と実施の権限を脱中心化し分権改革を推進することは、「知識基盤社会」への対応と同等、あるいはそれ以上に喫緊の課題であったはずである。しかし、新学習指導要領では教育課程の編成権の分権化や学校と教師の自律性や創造性の拡大について考慮されていないばかりか、むしろ文部科学省が学習指導要領によって教育の内容と方法をより詳細に決定し介入することによって、学校と教師の自律性や創造性を限定する結果を導いている。

教育改革における分権改革のよじれは、今日の教育危機の重大な要因のひとつである。義務教育費国庫負担問題に象徴される構造改革は、中途半端な分権改革であり、文部科学省から都道府県の首長に財源と権限が委譲されただけで、市町村教育委員会と学校と教師はむしろ自律性と創造性が限定づけられる結果を招いている。その結果、以下のPISA二〇〇六の調査結果が示すように、日本の学校と教師はカリキュラムと授業と学校経営において調査対象国のなかで最も自律性を阻害された状態に位置づいている。

PISA調査（二〇〇六年）は、一四項目にわたって学校における教師の意思決定の権限について調査したが、調査対象となった五五ヵ国・地域のなかで、日本は、韓国やタイと並んで学校と教師の自律性が最も確立されていない国である。この現実を考慮するならば、新学習指導要領は、教育内容を細々と厳密に規定するのではなく、学校において教育課程を自律的に編成するための大綱的基準を提示して、学校と教師の創意と責任をいっそう重視すべきであった。先にみたように「ゆとり」という用語は、もともと一九七八年の学習指導要領改訂において教育課程の編成における「学校裁量」を拡大する趣旨で導入された言葉であった。その後二回にわたる学習指導要領改訂において文部省は「生活科」の導入や「総合的な学習の時間」の設定など、学習指導要領を大綱化し、学校と教師の自律性を拡大する方向性を堅持していた。しかし、新学習指導要領において大綱化の方向は失われ、分権改革に逆行する政策を導いている。

新学習指導要領を準備した中央教育審議会教育課程部会の『審議のまとめ』(二〇〇七年)の特徴のひとつは、教育内容の編成基準を示すだけでなく、学力の定義にまで言及したことである。しかし、学力論争が明らかにしたことのひとつは、「学力」という概念が多義的であり、多様に使用されている実態であった。その実態をふまえるならば、公的基準を議論する中央教育審議会教育課程部会は、学力概念の多義性と多様性を配慮すべきであった。

教育課程部会の『審議のまとめ』は「学力」を三つの要素で示している。「基礎的・基本的な知識・技能」と「知識・技能を活用して課題を解決するために必要な思考力・判断力・表現力等」と「学習意欲」である。「学習意欲」までも「学力」に含めるという定義は「関心・意欲・態度」で構成された「新しい学力観」との連続性を表明するものであり、「学力」を「生きる力」と結びつける考えかたを表明したものである。しかし、「学習意欲」までも「学力」に含めるという「学力(achievement)」の定義は、教育学的にも心理学的にも了解不能といわざるをえない。そして新学習指導要領の学力観の基礎としたＰＩＳＡ型の「コンピテンス」を文部科学省が主張してきた「新しい学力観」と直結させるのは、強引であろう。

こうして新学習指導要領においては、「基礎的・基本的な知識・技能」という旧来の「基礎学力」の考えかたと「知識・技能を活用して課題を解決するために必要な思考力・判断力・表現力」と表現されるＰＩＳＡ型の「コンピテンス」の考えかたと「学習意欲＝学力」という新奇な考えかたの三つが並列している。この三つの要素は、それぞれ哲学も原理も異にしており、現場において教育内容を編成し授業実践を展開しようとすると相互に衝突し矛盾してしまうだろう。

問題はもっと複雑である。ＰＩＳＡ型の「コンピテンス」を二一世紀の学力のグローバル・スタンダードと見なし、日本の教育がこれから到達すべき目標とすることを前提にして新学習指導要領は編成されている。しかし、この認識はその前提から批判的に検討されなければならない。

ＰＩＳＡ型学力といわれる「コンピテンス」と「リテラシー」の概念が一九九五年からデンマークを中心に北欧諸国を対象として生涯学習社会の「コンピテンス」を調査研究したDeSeCoプロジェクトにおいて提起された概念であることは知られている。その過程を検討すれば、ＰＩＳＡ型学力である「コンピテンス」と「リテラシー」をグローバル・スタンダードと規定し、二一世紀型学力の到達目標と見なすのは無理があることが知られよう。ＰＩＳＡ型学力としての「コンピテンス」と「リテラシー」は、ポスト産業主義社会への移行を生涯学習社会の実現として追求している北欧型の社会における学力像であり、しかも、その生涯学習社会に参加する必要最小限の学力を提示した概念である。新学習指導要領は、①PISA型学力を二一世紀の「知識基盤社会」におけるグローバル・スタンダードとして見なしている点、②PISA型学力を「知識基盤社会」の最小限の学力としてではなく目標とすべき「生きる力」の延長線上に位置づけている点において、PISA型学力の拡大解釈を行っている。上記の特徴を有する新学習指導要領は、学校現場においてどのように機能するのだろうか。

5 学力政策のポリティクス

学力政策の性格を理解するうえで、PISA型学力の鍵概念となっている「リテラシー」の概念についても検討する必要がある。

「リテラシー」は多義的な概念である。この概念の内包を最小に限定すれば「読み書き能力（=識字）」と定義され、最大に拡張すれば「オーラリティ（口承文化）」に対する「書字文化」（文字を媒介とする文化）と定義される。この最小と最大の意味のうち、基底的なのは後者の意味であり、「リテラシー」はまず「口承文化」に対する「書字文化」として規定することができる。

しかし、同時に注目すべきことは、この概念が教育概念として成立したという歴史的事情であろう。『オックスフォード英語辞典』（OED）によれば、「リテラシー literacy」という用語が最初に文献に登場するのは、一八八三年にマサチューセッツ州教育委員会が発行した公報『エデュケーション・

ジャーナル』においてである。「リテラシー」という概念は教育概念として登場したのであり、一九世紀末に制度化された公教育の追求すべき普通教育の共通教養を意味していた。

それ以前にリテラシーに該当する言葉は「リテラチャー literature」であった。現在、この言葉は「文学」というジャンルの意味に限定されているが、近年になるまでこの言葉は読書を通じて形成される優れた教養、あるいは博覧強記を意味していた。この「優れた教養」という意味は、「リテラチャー」という言葉が一四世紀にラテン語から英語に導入されて以来、一貫している。たとえば、フランシス・ベーコンは「あらゆる文献の知識に通じていること」を「リテラチャー」と称している。この言葉が近代になって「文学」を意味するようになったのは、文学こそが優れた教養を提示する代表的な言語表現の様式だったからである。

したがって、「リテラシー」の意味は人びとが保有すべき公共的な「共通教養」と理解するのが妥当である。「識字能力」としての狭義の意味は、のちに付加されたものである。その歴史はアイロニーとして興味深い。近年のイギリスとアメリカのリテラシーに関する歴史研究は、公教育が制度化し普及した一八世紀から一九世紀にかけて人びとの「識字能力」は高まるというよりも、むしろ低下したという歴史の皮肉を示している。たとえば、イギリスの識字率を調査した研究では、識字率の発展は一七世紀と一九世紀の末に起こっており、一九世紀の大衆の識字率は一八世紀の大衆の識字率よりも低下していると結論づけている。

イギリスにかぎらず、多くの先進諸国において、公教育の制度化と普及の時期に識字能力の低下がなぜ起こったのだろうか。その最大の要因は産業革命にある。大工場生産システムの普及は、知的能力や職人芸を必要としない大量の単純労働者を生みだし、マニュファクチャー段階のギルド組織が保持していた職人としての技能や読み書き能力の教育機能を崩壊させてしまったのである。

「リテラシー」という概念は一九世紀の末に成立して以降、「機能的リテラシー」(functional literacy)の概念へと発展する。この概念を最初に提起したのは、一九三〇年代にニューディール政策を遂行したアメリカの民間国土保全部隊(Civilian Conservation Corps)であった。「機能的リテラシー」とは、社会的自立に必要な基礎教養を意味しており、その基準は一九四七年に国勢調査局において四年ないし五年程度の学校教育の水準として規定され、一九五二年には六年程度の学校教育の水準、一九六〇年の教育省の規定で八年の学校教育の水準へ、さらに七〇年代の末にはハイスクールの卒業程度の教養水準へと変更されて今日にいたっている。この経緯が示すように「機能的リテラシー」の水準は、学校教育の大衆化の水準に対応して定められてきたのである。

この社会的自立の基礎という用法は、一九五六年にウィリアム・グレイによってユネスコの推進する開発途上国におけるリテラシー・プログラムにおいて採用された。ユネスコにおいても「機能的リテラシー」は「読み書き能力だけでなく、大人になって経済生活に十全に参加するための職業技能を含む」と定義されている。

以上を概括すると、「リテラシー」は二つの意味を担ってきたといえよう。一つは「教養」としての伝統的概念であり、この用法は中世においては「高度の教養」を意味してきたが、近代になって普通教育において達成すべき公共的な「共通教養」を意味するものへと変化している。もう一つは一九世紀に登場した「読み書き能力」あるいは社会的自立の基礎となる「読み書き能力」を意味するリテラシーであり、この用法は教育の専門用語として登場し、社会的自立の基礎となる「機能的リテラシー」という概念に支えられて普及してきた。

「リテラシー」の概念についてこのような歴史性をふまえたうえで、今日の学力問題において議論されている「リテラシー」をめぐる問題について検討しておこう。「リテラシー」概念の歴史を省察するならば、学力問題において議論されている「リテラシー」の概念の狭隘さを指摘する必要がある。学力問題において議論されている「リテラシー」の概念がOECDのPISA調査によって提示された「読解リテラシー」「科学リテラシー」「数学リテラシー」の概念を踏襲していることは周知のとおりである。その「リテラシー」の概念が、同じくOECDの生涯学習の調査研究（DeSeCo）によって定義された一一の「キー・コンピテンシー」にもとづいていることも広く知られている。PISA調査の学力概念である「リテラシー」は、「二一世紀」の「高度知識社会」において必要とされる学力概念として有効ではあるが、その学力の定義と基準それ自体が、北欧型の旧福祉国家と親和性をもっていることは否めない。事実、PISA調査の結果において高位の学力水準を達成したフィンランド、カナダ、オーストラリアなどはいずれも（北欧型）旧福祉国家であり、その親和性が高かったといえよう（ちなみに「北欧型旧福祉国家」といえば、一般にスウェーデン、デンマーク、オランダ、ノルウェーがあげられるが、これらの国々はPISA調査において必ずしも好成績を収めていない。

しかし、これらの国々は、冷戦構造崩壊後、積極的に新自由主義政策を取り入れ、旧来の「福祉国家」型の教育システムを大きく変貌させている事実に注目する必要がある)。

問うべき問題は二つある。第一は「PISA型学力(「コンピテンス」と「リテラシー」)は、グローバル・スタンダードになりうるか」という問いであり、第二は「PISA型学力を『二一世紀型学力』と定義してよいか」という問いである。いずれも本質的な問いであり、この小論の範囲を超えているが、最小限で確認すべきことがらを指摘しておこう。

第一の問い、「PISA型学力はグローバル・スタンダードになりうるか」という問いに関して、私の回答は「否」である。OECDの加盟三〇カ国をみても、トルコやメキシコのように産業主義化の発展段階の国も少なくない。それらの国においては、産業主義化とポスト産業主義化が同時進行で展開している。今なお世界の半数以上の国々は産業主義化の発展段階にあり、義務教育の完全実施が教育改革の中心課題である。それらの国々において「PISA型学力」が「グローバル・スタンダード」になりえないことは明瞭である。

第二の問い、「PISA型学力を『二一世紀型学力』と定義してよいか」という問いに対しては「ある面ではそういえるが、もう一面ではそうではない」と答えるのが妥当だろう。この回答の前提として、一般に流布している数々の誤解を正しておく必要がある。日本国内では「PISA型学力」を二一世紀教育の達成目標として設定する議論もみられるが、正しい認識とはいえない。「PISA型学力」(リテラシー)は、その概念と定義の成立背景が示しているように、二一世紀の高度知識社会において生涯学習に参加するための基礎となる学力を示したものである。その意味では義務教育修了時点でのミニマムな学力の基準と内容を示したものであり、決して「目標」や「到達点」を示したものではない。

さらにいえば、「PISA型学力」は、北欧型の旧福祉国家にみられるように学校教育終了後、すべての人びとが生涯学習へと直結する学習社会の建設と結びついている。フィンランドを例にとると、二〇〇八年までの五ヵ年計画で「二九歳時点で八〇％以上の人びとが高等教育（大学もしくはポリテフニク、いずれも三年就学）を修了している社会」の建設を遂行し、最終年度を迎えて達成は確実といわれている。日本のように生涯学習の制度的整備が不十分な国、あるいは生涯学習が学習機会の格差拡大として機能してしまう国において、「PISA型学力」はそれだけでは宙吊り状態になる危険も指摘しておかなければならない。

「PISA型学力」とその「リテラシー」の概念が、旧来の学校の枠内に閉ざされ社会との関係も切断された「基礎学力」の概念の狭さを打ち砕く画期的提案であること、および、この概念が二一世紀の高度知識社会において有効な学力モデルを提供したことの画期的な意義については強調しすぎても強調しすぎることはない。特に、知識が高度化し複合化し流動化する高度知識社会に必要な能力を「コンピテンス」の概念で示し、その教育内容を「リテラシー」で再定義する方法論的な枠組みを提示したことの意義は大きい。

また、これまでの「リテラシー」の概念が義務教育修了段階の共通教養を意味するものとして学校教育の内側に閉ざされていたのに対して、新たな「リテラシー」の概念は、義務教育の修了段階の共通教養ではなく、生涯学習社会への参加の基礎としての共通教養へと拡張されて再定義されている点も重要である。

しかし、それらの画期的意義にもかかわらず、「PISA型学力」はあらゆる国の学校教育に妥当なグローバル・スタンダードとして認識すべきではないし、「二一世紀型学力」として普遍化しうるものではないことにも留意しておく必要がある。

「PISA型学力」が北欧型の旧福祉国家の教育と親和性があると述べたが、同様のことは「TIMSS型学力」についても指摘することができる。「TIMSS型学力」は東アジア型の学校教育に強い親和性を示している。TIMSS調査（一九九五、九九、二〇〇三年）においてトップレベルを獲得した国は、シンガポール、香港、韓国、台湾、日本であり、すべて東アジアの国々で独占されている。

しかし、ここで興味深いことは、TIMSS調査の結果が決して東アジア型教育の優秀性を示してはいないことである。このことは東アジア各国の市民、教師、教育行政官のリアクションをみれば明瞭である。TIMSS調査の結果におけるトップレベルの得点は、東アジア諸国においては、しばしば加熱した競争主義の教育や暗記詰め込み教育の結果として反省的に認識され、学力調査結果の優秀性が皮肉にも自国の教育の劣等性を示すものとして受け取られている。この事実は、東アジア諸国においては、産業主義社会からポスト産業主義社会への急激な移行期において、産業主義社会において親和的であった「東アジア型教育」からの離脱が課題として意識されていることを示している。

東アジア諸国に共通する一連の興味深い現象の是非を問うのはこの小論の目的ではない。むしろ重要なことは、「PISA型学力」にしろ「TIMSS型学力」にしろ、国際学力調査の想定している「リテラシー」の内容と調査結果は、その国の地理的、経済的、政治的位置によって地政学(geopolitics)の様相を帯びることである。グローバリゼーションは「基礎学力」や「リテラシー」の普遍化を進めると同時に、それと並行して「基礎学力」や「リテラシー」の局所化・地域ブロック化を同時に進行させている。この状況において求められるのは「PISA型学力」や「TIMSS型学力」が機能するポリティクスの研究である。日本を例にとりあげると、学校教育は教育の格差拡大に対応して一部のエリート教育(リベラルアーツの学力)と標準タイプの教育(PISA型学力)と下層向けの教育(伝統的な「読み書き算」の基礎学力)という三つの階層別の教育に分岐する危険性がある。その格差拡大の危険を克服する教育改革のポリティクスの解明が研究者に求められている。

6　むすび――検討すべき課題

「学力問題」をめぐる約一〇年間の論争と政策と実践の展開は、実に多くの難問と政策的実践的課題を提示している。この期間に蓄積された調査データや資料や議論の蓄積は膨大であり、「学力低下」や「学力格差」の解決や「学力の質」の向上に対して傾注された人びとのエネルギーも膨大である。

それらの膨大な資料やエネルギーに比して、現実の政策と実践は、それに匹敵するだけの成果をあげていないように思われる。むしろ学校現場は以前にもまして混乱と混迷が続いているというのが、教師の実感であろう。この状態を少しでも改善するためには、少なくともつぎの諸課題について引きつづき検討することが重要である。

① これまでの調査データと資料と議論の蓄積をふまえて、二一世紀の社会を生きるのに必要な「リテラシー」（共通教養）の教育を「基礎学力」として再定義する努力を遂行する必要がある。

② 「学力問題」を「学力低下」「学力格差」「学力の質」の三つの側面において整理し、それぞれの側面において「学力向上」の政策と実践に具体化する必要がある。

③ 「学力」の向上策を処方箋として認識するのではなく、日本の学校における授業や学びの様式の改善として性格づけ、その改善を支援する政策を考案する必要がある。

④ 「学力の質」の追求は、学びの質、教育内容の質、教師の質の三つの質の向上として具体化される。それぞれの質の向上をはかる政策が考案され実施される必要がある。

⑤ 総じて、「学力問題」は教育の「質（quality）」と「平等（equality）」の問題である。この二つの概念をキー概念とする教育改革の遂行が望まれる。

⑥ 教育改革は「未来投資」の大事業である。その大事業を推進する教育財源の準備が求められる。

以上の六点は、今後の「学力問題」への取りくみにおいて中心的な柱となるべき課題の概要である。これからの学力向上への政策と実践は、これら二一世紀の教育改革の全体的展望へと連なるパースペクティブを求められている。

参考文献

苅谷剛彦（二〇〇三）『階層化日本と教育危機』有信堂。

苅谷剛彦・志水宏吉編（二〇〇四）『学力の社会学』岩波書店。

佐藤学（二〇〇一）『学力を問い直す』岩波書店。

佐藤学（二〇〇三）「リテラシーの概念とその再定義」、日本教育学会『教育学研究』七〇巻三号、二一一一頁。

中央教育審議会教育課程部会（二〇〇七）『教育課程部会におけるこれまでの審議のまとめ』。

中央教育審議会答申（二〇〇八）『幼稚園、小学校、中学校、高等学校及び特別支援学校の学習指導要領の改訂について』。

東京大学大学院教育学研究科基礎学力研究開発センター（二〇〇六）『日本の教育と基礎学力』明石書店。

文部科学省（二〇〇三）『教育課程実施状況調査報告』。

文部科学省（二〇〇八）『小学校学習指導要領』『中学校学習指導要領』。

IEA, TIMSS Report 1993. (http：//timss.bc.edu/)

IEA, TIMSS Report 1998. (http：//timss.bc.edu/)

IEA, TIMSS Report 2003. (http：//timss.bc.edu/)

OECD (2004) Learning Tomorrow's World：First Results from PISA 2003.

OECD (2004) PISA 2003 Assessment Framework : Mathematics, Reading, Science and Problem Solving Knowledge and Skills.

OECD (2007) PISA 2006 Results, Analysis and Data.

OECD (2007) Assessing Scientific, Reading and Mathematical Literacy : A Framework for PISA 2006.

2章 近代の学力像とその社会的基底

金子元久

一九九〇年代のおわりから学力問題が大きな社会問題となってきた。それは社会の側で生じたパニックと、それに呼応した政治化のプロセスであったが、他方で教育学の中から内在的に問題が導出されることはなかった。東京大学大学院教育学研究科基礎学力研究開発センターは、学力問題から教育学への切り口をみつける作業であったが、その成果として、未来の教育を考えるうえでのいくつかの視点が設定されたと考える。しかし「基礎学力」そのものの概念については、まだ考えるべき問題が残っている。現代の学力問題は、基本的に近代教育が依拠してきた学力概念そのもの、そしてそれと対となった公教育そのもの、が一つの転換点にたっているところに根ざしていると考える。それを問い直すことによって、基礎学力とは何か、そこから将来の教育がどうあるべきかを考える視点を得たい。

1　近代教育とその学力像

学力をめぐる問題に入る前に、近代教育の成立の過程において、学力がどのようなコンテクストで捉えられてきたかをふりかえっておきたい。

国民教育とその変質

国民教育の思想は一方において、一つの社会政策としての側面をもっていたことはいうまでもない。ヘーゲルにとって国家は人間の普遍性を保証するものでなければならず、したがって普通教育は国家の手によって行われなければならないものであった（ヘーゲル、二〇〇一、II、一九二頁）。他方でアダム・スミスは、資本主義的分業の中で不可欠となる単純労働に従事する労働者に対する対策としての教育の不可欠を説いた。実際、児童労働の弊害を防ぐことが普通教育制度普及の一つの重要な要因となったことはよく知られている。

しかしこうした意味で要求される普遍的な学校教育の必要性と、教育によって子どもが獲得するべき知識・徳目の内容との関係は必ずしも明らかではない。きわめて大雑把な議論をするなら、近代教育の思想が形成される時点において、教育が実現するべき知識には三つの異なる考え方があった。第一は中世の大学を中心として形成されてきた学術的な知識の体系、第二は民衆教育の中で培われてきた読み書き算そして徳育を中心とした知識技能、そして第三は学校に部分的に取り入れられてきた職業技能である。

そうした観点からみれば、社会制度としての普遍的学校教育と、その達成するべき知識との関係を、統合的に示したのがフランス革命期における教育思想であったといえよう。それはいわゆる百科全書派における知識観を枠組みとして、学術的知識体系と、民衆が身につけるべき識字能力、そして職業技能とを結びつけようとするものであった。コンドルセの構想による国民教育の体系においては、大学は独立の教育機関ではなく、小学校を底辺とする国民学校の頂点にあると同時に、その全体を統括するものとされていた。このような意味で、国民教育の体系の中に、上述の三つの知識内容は、有機的な体系として統一されることになっていたのである。

しかしいうまでもなく、思想としての国民教育はそのままでは実現することはなかった。普遍的な普通教育の普及が実現するのは西欧諸国においても一九世紀末であるし、さらに初等・中等・高等段階の学校が、一つの制度的一貫性をもって結合され、その意味で国民教育が一つの体系（システム）として完成するのは第一次世界大戦の前後までまたなければならなかった。それは同時に近代国家が、普遍的な制度として完成するための条件であった。とくに初等教育の普遍化はすべての国民が共通の経験をもつという意味で、政治的・社会的・政治的に大きな意味をもったことは言うまでもない。またそれは公教育が、社会全体をもれなく抱合する、一つの社会契約として、近代国家の軸のひとつとして不可欠の制度となったことを意味する。

問題はそれが、教育内容のうえで、どのような形で具体的に統合されるかという点であった。その役割を果たしたのが「教科」(subject matter) であったといえよう。一方で一九世紀の自然科学、人文、社会、の発展によって人類の自然や人間自身、そしてそれが作る社会に対する理解は飛躍的に高まった。その知識の世界に導きいれることが要求される。他方で子どもはその発達の論理に従ってしだいに抽象的な言語や数量を身につけ、それによってより高度の知識を身につけていく。そうした子どもの独自の発達の論理に注意を向けだしたのは教育学の成果であった。一方で時代が発展させた知識の体系、そしてもう一方で子どもの知的発達。この二つを結びつける枠組みの役割を果たしたのが教科の体系であった。そして職業技能も基本的にはこの教科の一つとして学校教育に組み込まれたのである。

こうして教科の体系と、国民国家の全員就学の理念とは、表裏のものとなったのであるが、そこには、重要な矛盾が内包されていたことも事実である。それは一言で言えば、多様な能力をもち、また異なる進路をめざす子どもを、同一の枠組みに抱合することによる必然的な問題でもあった。教科は基本的には上級学校への連続性から発想して構成される。また上級学校への進学者が増えれば、抽象的な概念や考え方を用いて理解を進めることに重点が置かれるようになるが、そうした論理を受け入れにくい子どもが生じる。また上級学校に進学しない子どもにはそうした知識は直接に役立たない。こうした矛盾は、学習内容の修得いかんにかかわらず自動進級を認める、という暗黙の合意によって辛くも押さえ込まれていたに過ぎない。

それは画一的な教育の強制に対する批判をこめた教育実践運動として始まったのであるが、デューイはその理論的な意味を、子どもの経験と学校教育との関係に着目して論理的に示した。教科による教育は、子ども自身がその成長の段階において発達させてきた知識技能を一律に捉え、それに新しい外在的な知識を押し付けようとする。それに対してデューイは、子どもが自然や社会における直接的な経験をもつことによって、それを自らの思考に付け加えていく過程として学校教育を位置づけようとする。そしてその限りでは、子どもは自由を与えられねばならず、それによって子どもの個性が明らかになり、それに応じた指導も可能となるとする。

福祉国家と学力

こうした矛盾を内包した教育のシステム化が推進された二〇世紀の初頭において、いわゆる進歩主義教育（progressive education）の運動が起こったのは偶然ではない。しかしそれにもかかわらず、経験主義はその後の近代教育の基軸とはなることはなかったといえよう。それは教科の論理が、時代の趨勢としての産業化と福祉国家化とにより適合的であったからである。

福祉国家の経済的な基盤が資本主義的に編成された大企業の生産性の拡大にあったことはそれと無関係ではない。高度に分業化された労働形態を支えるためには、一定の規律にしたがって労働する態度が何よりも必要とされる。また同時に、科学技術の発展による技術革新を支える知識労働力も育成されなければならなかった。他方で福祉国家は、それが資本主義的な社会体制である限り、階級的な社会であるにもかかわらず、社会的な機会の均等性を保証しなければならない。そのために中等教育、そして高等教育への進学は、少なくとも出身家庭の経済的な条件ではなく、能力に応じて保証されなければならない、という原則が必要となる。メリトクラシーはこうした意味で福祉国家の柱となるのである。その知的能力は、基本的には教科の学習内容の理解を、学校自身あるいは上級学校が試験することによって計測される。とくに日本や韓国、台湾など、急速な近代化と社会変化が生じた諸国では固有の問題が生じることになった。これらの伝統的な社会階層による文化の相違が小さくなった社会では、より高い学歴をめぐって厳しい進学競争が行われる。しかもその競争に多くの子どもが参加するために、学校教育全体に教科的学力の基準の標準化が極端に進むといってよい。それがある意味では高い学習意欲を生んだという側面も否めない。

他方で上級の進学機会を拒まれた子どもは、職業的な知識を獲得する機会を与えられる。しかし中等教育での職業課程は、上級学校への進学に適合しない、いわば教科的学力の劣った子どもであると捉えられる。企業が自らの職業ニードにあわせた訓練を企業内で行うことができれば、職業教育の価値は限られることになる。こうした意味で実は職業課程の望ましさは低くなる。しかし個々人の生活水準という観点からのみみれば、経済発展の進展によって、より低学歴の労働者の賃金水準も上昇するとともに、国家を媒介とする福祉施策が充実することによって低所得層の実質的な生活水準も上昇する。こうした意味で戦後の日本を含む先進国は、実質的な福祉国家を作りあげることに成功したのである。

2　ポスト福祉国家の教育政策

しかし二〇世紀の終わりから、以上に述べた構造は基本的な変革を迫られている。それは一方において福祉国家政策がそれ自身の力によって融解すると同時に、他方でグローバル化、知識社会化の趨勢が急速に進んだからである。その論理を図式化すれば図1のようになろう。

福祉国家的学力の融解

まず何よりも戦後の経済発展による所得の上昇と、福祉国家的政策の進展によって、個人に対する伝統的制度的な拘束が解き放たれた。これは個人の価値観の多様化をもたらす。それは公教育システムにおける、共通の資質をもつ子どもを育てる、という原則自体に大きな抵抗を生じさせる。

さらに基本的な問題は、福祉国家の社会制度の中では、学習に対する意欲を形成する社会的回路がその力を脆弱化させる点である。上述のように福祉国家は、社会階級そのものの存在を容認する一方で、社会的な上昇の機会を解放し、さらに生活水準の底を一定のメカニズムで保障することにあった。生活水準を上昇させることに対する意欲がその活力の根源といってよい。教育はそのひとつの媒介となることによってきわめて重要な位置を与えられることになったのであった。しかしそうしたメカニズムはその根拠を失わざるを得ない。アメリカにおいても、こうした変化が、学力問題の基底にある

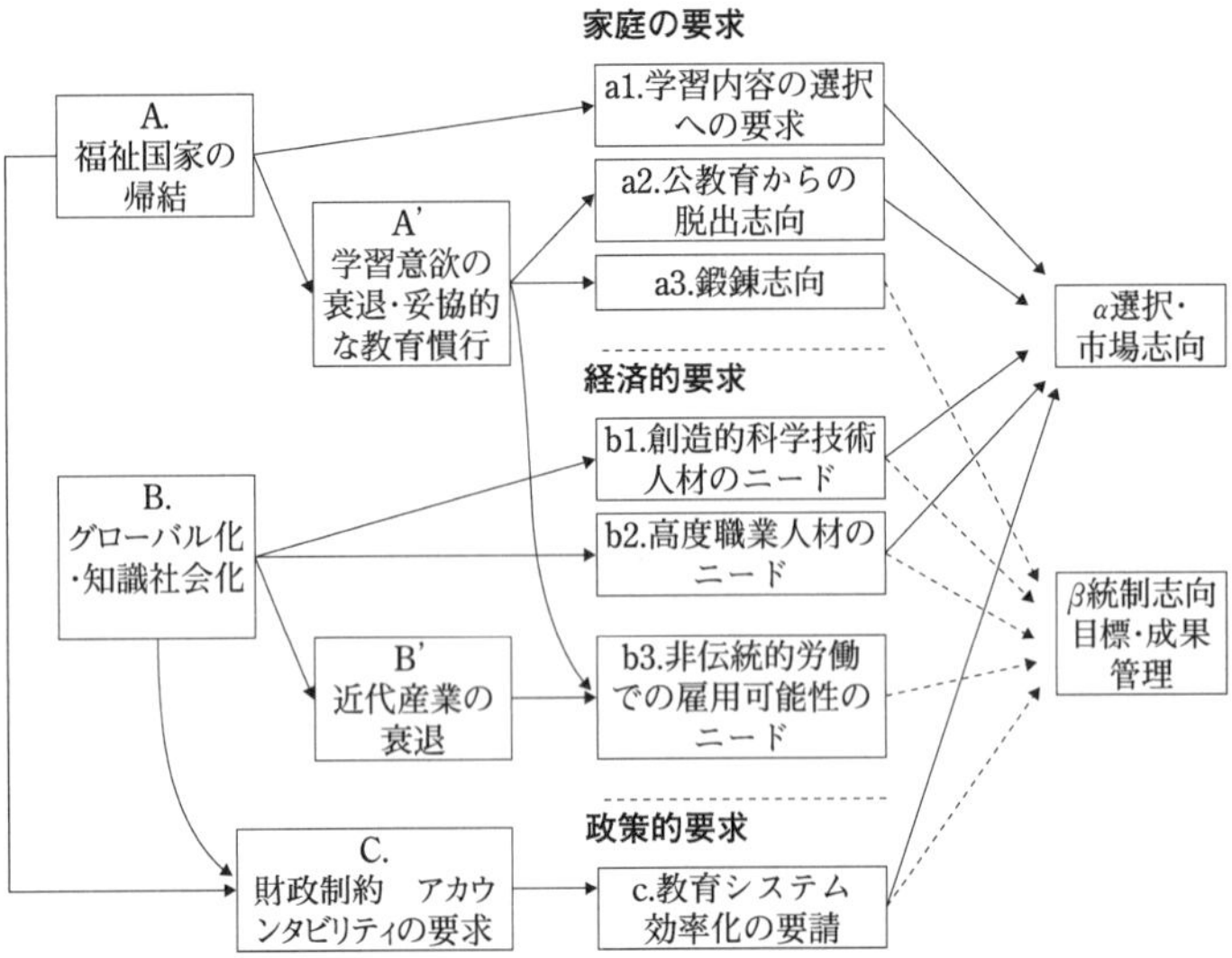

図1　ポスト福祉国家の教育政策

ことが様々な実証研究によって示されている(Steinberg, 1996)。

また東アジア諸国においては、過度の受験競争が子どもの人格をゆがめ、行動上の問題を引き起こすという疑念が説得力をもつ。さらに何よりも、単純化された指標で計測される学力によって個々人が位置づけられるという状態は、ひとつの息苦しさをもたらすことは事実である。教育は結果として、それ自体が解決するべき「社会問題」とならざるを得ず、この限りでは、反「学力」がむしろ世論の大きな動きとなるのである。

しかも高等教育への進学機会の拡大が進めば、ついには誰もが意図すれば中等教育、さらには高等教育に進学する機会を与えられることになる。これがいわゆる高等教育の「ユニバーサル化」である。アメリカにおいてはそれは一九七〇年代後半から八〇年代にかけて、日本においては一九九〇年代後半から実現した。こうした状況の中では、従来の選抜を通じた教科的学力の拘束力は弱くならざるを得ない。高校そして中学へと、選抜に支えられた学習意欲は減退していくのである。

こうした意味で、福祉国家の下では、学習に対する意欲の減退が教育にきわめて重要な問題を投げかけるのである。

グローバル化・知識社会化と学力

他方で戦後世界の経済構造は一九八〇年代から大きく変化しはじめた。

第一の要因はグローバル化である。市場統一は戦後アメリカの一貫した政策であったが、一九七〇年代の通貨危機を経て為替の自由化、さらに関税の撤廃・削減を経て、商品市場と金融市場の国際的な流動性が飛躍的に高まった。またそれにともなって国際間の人的な流動性も拡大した。第二は知識社会化である。科学技術の発展によって製造業の生産効率性が高まったのと同時に、情報、バイオテクノロジーなど新しい産業分野が拡大した。またこれらと結びついて高度のサービス産業が拡大し続けている。こうした経済社会の変化は教育にも重要な影響を与える。

まず一方で、高度の研究開発や生産活動を支える理工系の分野での創造的な人材が必要とされることはいうまでもない。しかし経済のグローバル化の中で同時に必要とされるのは、グローバル化の中で、金融など非製造業部門を含めて、グローバル企業の国際的な経済活動の拡大を担う、広い知識と視野をもった人材である。ライシュはこうした人材を「シンボリック・アナリスト」と定義している。そしてアメリカの教育体系は人口の大部分について平均的な能力を上げることは成功していないものの、一部の子どもについては基礎教育から高等教育を通じて、抽象化、体系的思考、実験、共同作業の四つの分野で高い基礎的技能を与えており、これがアメリカの国際的な競争力の中核の一つとなっているという（ライシュ、一九九一、第一八章）。

他方でこれまで中等教育卒業者が就職していた製造業は厳しい国際競争にさらされることになった。アメリカにおいては、それまで不動のものとされていた鉄鋼や、電気、自動車産業が、一九八〇年代には日本からの輸出に大きく競争力を落とすことになり、それが大きな衝撃を与えることになった。それから十数年後、中国の台頭によって日本の製造業も重要な試練に直面することになった。先に工業化を進め、結果として賃金水準が高い国から、製造業はより賃金水準の低い国に移行することにならざるを得ない。製造業は、中等教育卒業者が、生涯をとおして熟練を積み、安定した生活を得られるキャリアの中軸になっている。その規模自体が縮小することはきわめて大きな影響を与えることになる。

こうした変化とともに、政府財政支出の削減圧力も増大する。福祉国家的政策の拡大の結果として、医療・保健・年金などの分野での公的財政支出が拡大し、さらに人口の高年齢化によってその傾向が急速に加速した。それによって政府の義務的財政支出が拡大し、政府財政が急速に支出超過に陥ることになった。このために政府支出削減への圧力が急速につよまった。同時にそれは政府支出の効率性、アカウンタビリティに対する要求をもたらす。

このような意味で上述の福祉国家の土台が危機にさらされ、その変質が始まる。

教育への要求

以上のような状況の中で、教育制度に対して様々な方向での要求が、同時に働くことになる。

第一に家庭の視点からみれば、(図1・a1) 福祉国家政策の社会の成熟の中で、個人的な価値観の多様化は、子どもの教育に個人的な選択を取り入れることに対する要求を拡大させる。社会の成員すべてを同一の枠組みに入れる論理が説得性をもたなくなる。(a2) しかし他方で一般的な学習意欲の減退、学校の秩序の混乱は、一部の家族が公教育から逃避する要求を生み出す。(a3) また学習意欲の減退に対する反動として、伝統的なしつけの回復、学習時間の再延長、あるいは強力な統制への志向を生み出す。

第二に経済的な観点からみれば、(b1) グローバル化、知識社会化の中で国際的な競争力の基盤となる、創造的な科学技術人材のニードが高まると同時に、(b2) 上述の「シンボリック・アナリスト」に象徴されるような、グローバル化した社会において重要な役割を果たす高度専門職人材への需要も高まる。これらは個々の社会において選抜性の高い教育トラックや個別の大学への入学の価値を高めるから、こうした意味での入学試験への意欲は存続する。また英語圏以外の国では、グローバル化の中でさらに有利な地位を占めるために、国際的な標準言語である英語の習得への要求も拡大する。

（b3）他方で、労働力全体について伝統的な製造業以外の分野における潜在的な労働力ニードに応える能力を備えることが要求される。こうした能力が具体的にどのようなものであるかは実は必ずしも明確にされているわけではない。しかし少なくとも、基本的な読み書き、数的な能力が確実に身についていることが想定されていることが要求される。

第三に政策形成の独自の観点からは、（c）財政緊縮の中で、教育システムの効率性を高めることが要求される。学校は活動自体を目的とするのであれば、そこで必要とされる費用には際限がない。目標を明確にし、それを獲得するための方法を明確にすることが目的とされる。

市場志向と統制志向

こうした様々な要求は、教育政策上は二つのベクトルにくみ上げられようとしているといえよう。すなわち一方で学校教育に選択・市場メカニズムを導入する方向での改革である（図1・α）。一方で、学習内容の多様化の要求、公教育の問題からの脱出の要求、創造的科学技術人材へのニード、高度専門職業人へのニードは、公教育の中での差別化の要求を生む一方で、財政的な効率性の観点からは市場的な競争によるコスト削減、高財政負担の軽減がこれに結びつく。これが選択・市場志向の教育政策へのベクトルを生じさせるのである。

同時に、（β）学校教育に明確な達成目標を与え、その達成度を評価し、それを経営管理に結びつけることによって、教育システムの統制をつよめる方向での改革が試みられる。福祉国家的政策の中で生じた妥協的な教育慣行に対する反動として、教育の達成度を明確にし、それにむけての教師や生徒の努力をもとめる要求がその一つの要因となることは疑いない。また創造的な科学技術人材や、高度の専門職業人養成にむけて、教科学力を充分に身につけさせることが要求されることもある。大学入試の必修科目の再導入、初等教育への英語教育の導入などは、こうした傾向を反映するものといえよう。しかし同時に、非伝統的産業での若者の雇用可能性を高めるための基礎的な能力の高度化の要求がここに反映する。さらに財政緊縮の視点からいえば、目標を明確化してそれにむけての効率性を高めるというメカニズムを導入することによって、資源の削減を可能にする、あるいは少なくともその増加を阻むことが可能となる。しかもそうしたメカニズムの存在自体が、政治的にはアカウンタビリティの保証に結びつくことになる。

ところで選択・市場志向と、統制志向の方向とは、論理的には相互に矛盾するものであることは疑いない。しかしそれにもかかわらず、国際的にこれらの二つの方向にむけての政策が同時にとられているのがむしろ普通である。それはなぜか。それは、これらの政策の論理的帰結が近代公教育の原則にまでさかのぼって議論されるまでいまだ徹底されていないことにもよるが、同時に、これらの政策の背後にある学力観にひとつの共通点があるからである。そうした意味からも、教育改革の根底にある学力への見方が重要な意味をもつ。

3　学力政策の射程と亀裂

学力は、学校が生徒に身につけさせる知識・能力とひとまず捉えることができるが、それをさらに具体的にどう捉えるかにはきわめて多様な考え方がありえる。現代の社会政策としての教育政策がどのような学力観に対応しているのかを、以下のように整理することができよう。

評価の基準としての教科学力

まず統制志向、あるいは選択・市場志向のいずれにおいても、共通にみられるのは、近代公教育の中核となってきた教科学力を基本とした学力観であるといえよう。一般的に教科学力こそが一般に学力として想起されるイメージであるし、現代の教育問題を、近代教育の劣化として捉え、その回復こそが課題であるという立場からも、教科学力の徹底こそがめざされる方向であることになることはいうまでもない。

しかし現代的なコンテクストでさらに重要なのは、教科学力は、政策的な操作可能性と結びつけられやすいという点にある。達成度の測定の観点からいっても、教科はいくつかのカテゴリーに分かれ、しかも学年に応じて達成目標が明確に示されている。そのそれぞれについて、達成度を評価することによって、きわめて整然とした評価が行われることになる。同時に学習指導もそれにそって行われるわけだから、達成度の評価に対する、改善の手段も明らかである。達成度を学校教育のアウトプットとみなすのであれば、それを正確に評価して、それを統計的に分析し、よりよい結果をもたらすインプットの組み合わせ、あるいはそれを統合する技術を理論的に導出する、という経済学における最適生産の理論に結びつけることもできる。一般的にこうした分析方法は「教育生産関数論」(educational production function) と呼ばれている。こうした経済学的な思考方法は、少なくとも論理的な構成のしかたにおいては、市場メカニズムの機能の分析と同じものである。これが、現在の教育改革において、市場・選択志向の改革と、統制志向の改革とが、一見矛盾せず、むしろ同様の方向をめざしているように見える理由であろう。

実際、一九八〇年代のアメリカの教育改革において、対外競争力の確保という観点から、まずめざされたのは、こうした教科別の達成目標の明確化、それによる教科学力の回復・強化であった (Ravitch, 1995)。同様の動きは英国においてもみられた。とくにイギリスにおいては、ナショナルカリキュラムの確立と、それによる学力の評価が、一方で新公共政策論 (new public management)、他方で学校競争、選択の強化による市場化論と結びつけられた。

しかし実は教科学力を基準とする教育改革は、様々な問題点を内包していることを指摘しておかねばならない。第一に達成度の測定の観点からいえば、教科学力の測定は、上述のように特定の達成課題を前提としており、それを達成できるか否かの境目にある生徒については有効である。しかしそれより高い学力をもつものについては十分な精度をもたないし、他方でそうした段階に達していない生徒の学力を測定するのにも意味をもたない。教科の達成度についての「平均点」は、生徒の集団全体としての到達度について一定の情報を与えるけれども、異なる生徒の問題を発見し、それを改善する手段を導く上での価値は少ない。生産関数論の精緻な理論体系もこうした制約を乗り越えるものではまったくない。

第二に、前述のようなグローバル化のもたらす労働需要の変化への対応という観点からみれば、これまでの教科学力のみを測定し、それにしたがって学校教育の最適化をはかる、という方向自体に問題がある。高等教育への進学者については、教科学力は上級段階での学習の基礎となるとしても、そうした経路を経ないで社会にでる生徒にどのような学力をつけさせるべきか、という問題には教科学力を基準とした最適化はまったく答えないのである。これを生徒の学習意欲の観点からみれば、上級学校への進学以外に学校での学習が将来にどのような意味をもつかに明確に答えなければ、学習への意欲を形成することにならない。さらに付け加えるならば、実は大学教育についても同様のことが言える。

第三に、実は教科学力のみを基準とする評価は必ずしも有効な政策手段に結びつかない。教える側の資源投入や教育法をどう操作するかだけではなく、ポスト福祉社会の学校教育が生徒の学習意欲を形成するのに失敗しつつある、という点にどう対処するかに答えることが要求される。アメリカにおいては、前述の教科学力の基準の徹底は、しばしば進級に、標準試験での一定の点数を条件とする政策と結びつけられてきた。これによって生徒のインセンティブを形成し、学校の教育力を回復しようとする姿勢がうかがわれる。しかし現実にはこうした政策は結果としては、家庭背景に問題がある生徒に対して、懲罰を加えることになることはいうまでもない。結局、アメリカでもそうした政策は大きく普及することにはならなかった。

以上の論点をさらに敷衍すれば、教科学力を単一の基準として、その達成度を最大化するためにシステムを統制するという志向は、結局は社会契約としての公教育そのものを分裂させる力をこれまでになく大きくすることになる。一方においてより高い教育水準をもとめる社会階層は、公教育を脱出する志向をさらに強める。他方で、一般的な学習意欲の減退は有効な歯止めをもたず、さらに進行することが避けられない。

職業能力と対処型学力

上述の教科的学力観に対して、一つの代替的な学力観として力を得ているのが、いわゆる「コンピテンシー（competency）」あるいは「コンピタンス（competence）」という概念である。これら二つの用語はともに人間の知的能力を意味するが、両者の間の差異は必ずしも明確ではない。一般的には前者は人事管理などにおいて、理論的に整理された知識よりは個々の仕事をなすために必要な具体的な知識や能力を示すものとして用いられ、後者は教科的学力の基礎をなす、コミュニケーション能力や、読み書き能力などをさして使われることが多い。いずれにしても、理論的な知識へ導く体系性をもった教科的学力よりも、実際に個々の仕事や生活に対処する知識技能を想定していることに特徴がある。こうした学力を、「対処型学力」と呼んでおこう。

こうした概念は、とくに青少年の失業が大きな社会問題となっているヨーロッパ諸国において大きな関心を集めてきた。それをうけて一九九〇年代末には、一九九〇年OECDを中心として、国際的な共同研究、調査への動きをもたらしてきた。まず課題となったのは、青年の識字調査であり、さらにそれと並行して欧米諸国は基礎学力の定義に関する研究プロジェクト（Definition of DeSeCo）が進行した、さらに学校教育の段階において、子どもが基礎学力をどのように身につけているのかを明らかにするPISA調査に結びついてきた。同調査は日本では国際学力比較調査としての側面のみが注目されているが、従来の国際学力調査（TIMSS）が教科学力を基準としているのに対して、PISAは現実への対処・応用能力を測定しようとしているところに特質がある。

同様の趨勢は日本においてもみられる。とくに文部科学省以外の省庁を中心として、若者の雇用可能性（employability）を高めるという観点から、「人間力」あるいは「社会人基礎力」という言葉が使われはじめた（内閣府、二〇〇三年。経済産業省、二〇〇六年）。そのうち経済産業省「社会人基礎力に関する研究会」報告では「社会人基礎力」は以下のように定義されている。すなわち、「前に踏み出す力（アクション）――主体性、働きかけ力、実行力」。「考え抜く力（シンキング）――課題発見力、計画力、創造力」。「チームで働く力（チームワーク）――発信力、傾聴力、柔軟性、状況把握力、規律性、ストレスコントロール力」。そしてこれらの能力は、初等教育から始まる学校教育体系全体で形成されるべきものとしている。

こうした動きは、一九六〇年代において、産業の発展と教育を結びつける論理として、「マンパワー」が注目を浴びたことを想起させる。その中心的な役割を果たしたのは、まさしくOECDを中心として、産業発展に必要な人材を、職業別・産業別に算出し、そのそれぞれに応じて学校教育の専門別・段階別分布を計画しようとする理論であった。そうした高度の専門特化、分業が一九六〇年代の製造業を中心とする産業発展に対応したものとすれば、現代の経済発展は上述のようにサービス業を含めてきわめて多様な、しかも恒常的に変化する企業活動に対応するのが、このコンピテンスの概念であり、それに対応する学校教育のあり方であるといえよう。こうした意味で、学力政策は新しい課題をその射程におさめつつあるのである。

実際、現在の教育方法改革においても、総合的学習、体験学習、問題解決などの形で、こうした要因を取り入れる試行はすでに行われているとみることができる。しかし、そうした試行が必ずしも力を持ちえているとはいえないのは、対処型学力が具体的にどのような内実をもつのかが、必ずしも明らかではないからである。上述のOECDを中心とする、コンピテンスの定義の作業（Rychen & Salganik, 2001）も、きわめて思弁的・抽象的な次元にとどまるだけでなく、説得的な結論を形成しているとは必ずしもいえない。同時に、そうした能力が、どのような形で形成され、また定着していくかについてもまだ十分な議論はなされたとはいえない。現在のPISAのテストについても、問題解決型の設問のしかた自体への慣れが成績に影響を与えている可能性も考えられる。

4　多元的学力像の構築

以上のような二つの学力観の存在は、現代の学力政策の射程が拡大しているのと同時に、そこに大きな亀裂が生じる可能性を示している。いわゆる「ゆとり教育」をめぐる動揺は、それを象徴するものであったといえよう。またそれは、公教育そのものの分裂にもつながる可能性をもっている。

こうした観点から重要なのは、教科型学力あるいは対処型学力のいずれにおいても、その基底に一種の「基礎学力」ともいうべきものを想定することができるという点である。教科の学習課程は学年に応じて学習課題を積み重ねていくが、それをつうじて論理的な思考、読み書きを含めたコミュニケーション、そして自然や社会に対する興味や学習意欲が形成され、またそれが学習の基礎となることを前提としている。他方で対処型学力は、そうした能力を土台としてしか成り立ち得ない。そうした意味で、基礎学力は教科型学力と対処型学力の共通の基礎でもある。デューイは、『経験と教育』(Dewey, 1938) において経験と教科学力を媒介するプロセスこそ重要であることを強調しているが、そうした媒介の基礎として、基礎学力が重要な役割を持ちえるのである。

ただし、こうした意味での基礎学力は、単一尺度での測定の対象とすることはきわめて難しい。基礎学力は、個々の子どもが過去の教育・経験と、新しい教育・経験との相互作用の中で蓄積していくものであって、その関係はきわめて多様な次元をもっているからである。その測定は、いわば探索的・診断的な方法を不可欠とすることになる。そうした方法を基礎とする限りでは、単純な最適化の方法は適用することができない。

以上の議論が明らかにしたのは、学力政策のあり方が、ポスト福祉国家の状況の中で、公教育そのものに亀裂を生じさせているという点である。一方で伝統的な教科型学力をそのまま基準として学校教育を最適化しようとするのであれば、それは現代教育が直面している問題の原因を放置するだけでなく、学校教育の利益をうける子どもをむしろ、より限定する結果を生むことになる。他方で対処型の学力形成を教科型学力形成と並行して取り入れるのであれば、その二つの目標のウェイトの置き方と、教育課程や方法についての考え方に分裂が生じることを意味する。いずれの場合でも、つきつめれば公教育の分裂にいたりかねない。しかし考えてみれば、そもそも単純な達成目標にむけての管理を容易にするために、学力という概念が生じたのではない。むしろ学力は多元的に構成されるものであり、それを踏まえたうえで、学力の発展をめざすのが教育政策の本来の姿でなければならない。そうした意味で多元的に捉えた学力に有効にはたらきかける教育を支える経営メカニズムが要請されるのである。

参考文献

金子元久（二〇〇六）「社会の危機と基礎学力」、東京大学基礎学力研究開発センター『日本の教育と基礎学力』明石書店、二一―三四頁。

経済産業省（二〇〇六）「社会人基礎力に関する研究会」報告。
内閣府（二〇〇三）「人間力戦略研究会」報告。
ヘーゲル（藤野渉・赤沢正敏訳）（二〇〇一）『法の哲学』中央公論新社。
ライシュ（中谷巌訳）（一九九一）『ザ・ワーク・オブ・ネーションズ』ダイヤモンド社。
Dewey, J. (1938)(Reprinted in 1997). *Experience and Education*. New York : Touchstone.
National Commission on Excellence in Education (1983) *A Nation at Risk : The Imperative for Educational Reform*. Washington, D.C. : U.S. Department of Education.
Orfield, G. & Kornhaber, M. (Eds.) (2001) *Raising Standards or Raising Barriers? In equality and High-Stakes Testing in Public Education*. New York : The Century Foundation.
Ravitch, D. (Ed.)(1995) *Debating the Future of American Education : Do We Need National Standards and Assessment?* Washington, D.C. : The Brookings Institution.
Rychen, D. S. & Salganik, L. H. (2001) *Defining and Selecting Key Competencies*. Seattle : Hogrefe and Huber Publishers.
Steinberg, L. (1996) *Beyond the Classroom*. New York : Simon and Schuster.

3章　グローバル化社会における学力観

恒吉僚子

1　多文化の共生と学力問題

東京大学大学院教育学研究科の二一世紀COEプロジェクトで「学力」をテーマとすることになり、そのメンバーであることによってこれまであまり正面から扱ったことがなかった学力の国際比較について考える機会を得た[注1]。筆者は多文化共生に関係したテーマ（例 多文化教育）をしばしば取り上げてきたが、多文化共生は、実は、ある面では学力問題と深く関係している。それは、「学力」問題が多くの国では民族や階層などの、異なる「文化」集団間の格差の問題であり、教育の機会均等に深く関係しているからである。

どの社会においても、学力底辺層には民族その他の面において、その社会のマイノリティが多く含まれている。それは、どの社会においても、教育達成度や教育機会が出身階層や民族・人種、つまり、社会の中でどのような位置付けにあるのかに深く関係しているからである。社会の中の位置付けは、個人のレベルでは、家庭の社会的経済的状況や選択肢などに関わり、社会のレベルにおいては制度のあり方に関わり、教育機会の不均等へとつながっている。

こうして、筆者の領域では、学力を「学力」（テストの得点力に象徴される狭義の学力）そのものとして扱うというよりも、社会的公正の問題であったり、目指すべき社会との関係で語ってきた。生徒・家庭が学校から求められる行動パターンや学習スタイル、価値観が中産階級家庭のそれと合致している（Lareau, 2000 ; Willis, 1997 ; Ogbu, 2003）ために、中産階級の生徒が有利になる、測定に使われるテストがマジョリティにとって有利な文化的なバイアスがあってフェアでないなどの文脈において、学力問題は教育の機会均等などの共生をめぐる問題としてとらえられなおされてきたのである。

各国を見ると、多文化の共生に絡んだ学力問題は、国境を越えた普遍的教育課題である。教育を通して階層が再生産されていくとすると、それは、近代学校が掲げるメリトクラシーの原理に反する。したがって、民主主義的な理念を掲げる社会にとっては、階層格差が学力格差へと転換し、階層が固定化していくことは、自己イメージと現実との落差を突きつけられることでもある。

学力格差が社会的に争点になるような軸に沿って見られるような場合、例えば、民族間葛藤がある社会において民族間学力格差が目立つ場合、それは、民族的マイノリティなどの下位に置かれた集団の不満を煽り、国民的統合への脅威になりうる。

こうして、多文化共生問題としての学力問題は、多くの社会で非常にデリケートな話題となっている。民族間調和や国民統合、社会秩序を重んじる政府によってそれは触れるべからざるものとされていたり、逆に、アイデンティティ・ポリティックスの格好の材料となる。

例えば、シンガポールは、主流の中国系と、マレー系とインド系が共存し、早くから学力別に振り分けていくストリーミング、バンディングをしてきた国として知られている。学力底辺校に行くと、他の国同様、民族的マイノリティ（ここではマレー系）が目立つ。だが、シンガポールの教育省などでインタビューをすると、シンガポールの公のレトリックとしては、民族と関係なく、個人レベルのメリトクラシー問題として学力を語っている。「マレー系だから」とマレー系の集団的ニーズ（例 宗教的、文化的固有性）に対応した支援をするよりも、学業不振の「個人」の問題として、ある意味ではカラーブラインドな立場から学力問題を構築しているように見える。

一方、アメリカの場合は問題の組み立て方が異なる。もともと、アメリカは、色々な人種・民族背景からの人々がアメリカの地に移住し、「アメリカ人」になるという、「るつぼ」のメタファーが用いられてきた移民社会である。しかしながら、その「アメリカ人」のイメージには、実際は、先住アメリカ人も、アフリカ系アメリカ人も、そして、当初は女性も入っていなかった。アメリカの歴史は、こうしたマイノリティ集団が市民として認められようとする集団的闘争、権利主張の中で、「るつぼ」が実際は、マジョリティ集団（白人、男性など）への同化を意味したことを暴いていったものである。そうした中で、今日では、様々な人種・民族その他の背景を持つ人々が、サラダボールのように混ざってよりよい社会を作るイメージ、あるいは、色々な色が共存する虹のイメージ、多文化の共生するイメージでアメリカ社会が語られるようになっている。そして、アメリカの学力問題は、集団として社会的に不利な状況に立たされている人々、例えば、人種的マイノリティの教育への機会均等の問題が中心的課題と言っても過言ではない。

いずれもその社会においてどのように目指すべき社会が構想されているのか（ここでは多文化共生を軸にした）に関連した高度に政治化されたものとして学力問題は存在している。

冒頭で筆者は、学力を「学力」として扱うよりも、多文化共生との絡みで見た学力は、社会的公正や目指すべき社会との関係でとらえられるのだと述べた。本書のもととなっている東京大学大学院教育学研究科基礎学力センタープロジェクトに参加するにあたって、学力を狭義の、学校的文脈での「学力」として語るのと、多文化共生に付随して語るのとでは、どこが違うのか、考えさせられた。そして、その一つは、後者の視点の方が、「学力」の社会的機能、そして、「学力」が社会的に作られていることに目が向きやすいのではないかと感じた。

COEの国際部門プロジェクトについては、既にいくつかの報告書としてまとめている（恒吉、二〇〇四、二〇〇七）。そこで、本章では、より広くプロジェクトに関わる過程で考えたところを述べる目的で、学力を「学力」としてではなく、学力問題に対する門外漢だったからこそ感じてきたことについて若干まとめられればと思う。現在日本で繰り広げられている学力論争において、軽視されぎみであると感じる点に関わるからである。基礎学力センターの国際部門プロジェクトで中心であった、二一世紀に向けて子ども達に必要とされる「新しい」学力に焦点を当てて考えたい。

2 国境を越えて模索される二一世紀型の「新しい」学力

二一世紀に必要な学力とはどのようなものか？ それを学校という場でどのように育てるのか？ 世界を見回すと、多くの国が同じことを自問している。二一世紀型能力（competence）を定義しようとしたＯＥＣＤのDeSeCo（Definition and Selection of Competencies）プロジェクトやＰＩＳＡ調査に象徴されるような「新しい」学力をめぐる国際的言説（Rivi & Lingard, 2006）は、各国政策関係者に参照されてきた。

筆者がまとめ役となった基礎学力センターの国際部門プロジェクトではシンガポール、アメリカ、中国の研究者が参加したが、彼らと政策などについて意見交換をする中で感じたことに、二一世紀に必要だとされる学力、そして、それに到達するとされる教授法についても、国境を越えて共通したキーワード群、いわば、「新しい」学力キーワード群があるということがある。

なぜこうしたキーワード群が国境を越えて形成されていくのかに関しては、国際的なアメリカニゼーションへの圧力や、地域別に強いモデルへの収斂（例 東アジアにおける日本モデルの影響）、グローバリゼーションに伴うＯＥＣＤ、ＵＮＥＳＣＯ、世界銀行、ＥＵなどの国際的な組織の影響力の増大による、国境を越えたグランド・ナラティブの形成が関係しているのであろう（Dale, 1999；Rivi & Lingard, 2006）。いずれにせよ、「新しい」学力をめぐるキーワード群が存在し、それが国境を越えて、対象にした四カ国の教師の語りの中にはしばしば共有されているように見えた。

だが、一見国際的に共有された言説は、実はいくつものズレを抱えていることにも注目する必要があろう。例えば、数学を例にすると、アメリカの数学者が提唱したことと、アメリカの教育政策者が目指している比較的抽象的な教育ゴールと、具体的な教育実践としての数学を実践している者が行なっていることとの間にはいくつものズレがある。親学問に携わっている研究者達は、ほとんどが初等中等教育現場のことを知らないし、興味もない。学校教育の世界は、学問とはかなり違った世界となっている。

中央集権的な制度の国では、政府の方針がかなり実践の内容を縛る。一方、アメリカのように分権的な国においては、色々な母体が実践を方向付けようと間接的に圧力をかけたりする。ブッシュ大統領のもとでの「おちこぼれを作らない法」(No Child Left Behind Act of 2001)において、スタンダード(基準)とテストの結果を用いて教育実践を外から統制しようとする政府の動きもこうした例に挙げられよう。あるいは、「新しい」学力との関係で見れば、代表的な数学教育のスポークスマンの一つとしての全米数学教師協会(National Council of Teachers of Mathematics)が、教師向けに数学のスタンダードを発表し、全米科学財団(National Science Foundation)がこのスタンダードに沿った数学プログラムを支援した例を挙げることもできよう。

そして、アジアの「新しい」学力志向の改革では、ここにさらに欧米モデルの借用という断面が入ることによるズレが生じているように思える。学問の世界では、アメリカ・欧米主導の研究成果が親学問の専門家の間で日本（アジア）で再解釈されるというズレであり、政策関係では、欧米での改革モデルを語り直すというズレである。こうして、日本では、「アカウンタビリティ」「チャーター・スクール」などの横文字がそのまま使われたりするものの、その意味するところはもとの国の文脈とは異なる。もっとミクロな教育実践者のレベルにおいても、あるいは、もっとマクロな欧米の勢力が強い国際組織でも推進されている教育実践や概念が、アジアで再解釈され、借用されている。日本の場合は、日本語に翻訳するというステップが必要であり、また、欧米の植民地であった歴史もなく、制度的に欧米支配の遺産を背負っている国とは違う。一方、シンガポールなどでは、独立後も教授用語は英語であり、英米の影響が、よりストレートに入ってくるように見えた。いずれにせよ、いくつものズレを経ながらも、プロジェクトで対象としたアジア三国では、「新しい」学力のキーワードやキー概念に関しては、アメリカ（欧米）のそれと極めて似たものとなっていた。無論、それが具体的な授業のイメージとなった時にどうかと問われると、意味するものが実は違うという、見せ掛けの共有であるにせよ、レトリックとしては極めて似ているのである。

3　二律背反的な「新しい」学力の理解

前節で述べたように、欧米主導の「新しい」学力のグランド・ナラティブが存在しているように見えるが、同時に、日本が中国やシンガポールとも共有する、東アジア的（ここではシンガポールも便宜的に東アジア的な教育を行なっている国に含める）グランド・ナラティブのバリエーションがあるように思えた。それは、学力を二律背反的に理解して、一方を受験学力になぞらえる傾向である。

基礎学力センターでの調査をした際、アメリカ、日本、中国、シンガポールのどの国においても「新しい」学力をめぐる議論は二律背反的に論じられる傾向があった。例えば、アメリカにおいても「新しい」学力をめぐっては、しばしば「戦争」になぞらえて、「国語戦争」（reading wars）、「数学戦争」（math wars）などの論争が展開されてきた。

数学では、例えば、「新しい」数学の代表的プログラムとして初等教育の「日常的な数学」（Everyday Mathematics）、中等教育の「コネクトしている数学」（Connected Mathematics）、かつての「数学国」（MathLand）などがあるが、これらは、その批判者によって、ファジー数学（曖昧な数学）、新‐新数学、ホール・マス（ちょうどホール・ランゲージと同じように）などと呼ばれながら攻撃されてきた。

前述のように全米数学教師協会（National Council of Teachers of Mathematics（NCTM））が「新しい」数学を志向したスタンダード（基準）を最初に一九八九年に出し、それに準拠したプログラムを有力な全米科学財団（National Science Foundation（NSF））が助成したが、それに対抗して、「新‐新数学の我々の学校への侵略を食い止め」基礎基本の大切さを主張する「数学的に正しい」市民グループ（Mathematically Correct, http://www.mathematicallycorrect.com）や New York City HOLD（Honest Open Logical Decisions on Mathematics Education Reform, http://www.

nychold.com）などが結成されている。

例えば、「数学的に正しい」市民グループによると、「新‐新数学」（new-new math）とホール・マス（whole math）とは同じ意味であり、それは、ホール・ランゲージ同様、グループ討論、エッセー、計算機の利用や推量を強調し、基礎スキルや直接指導（direct instruction）を軽視する数学カリキュラムの改革だとしている。そこでは、「新しい、ファジーな数学の推進者は、巧みにレトリックを用い」、「上位の思考スキル、概念的理解、そして、問題解決の必要性について主張するものの、こうした領域のいずれにおいても成功するのに必要な、基本的な基礎基本を体系的に習得していくことは軽視している」とされている（Mathematically Correct, http://www.mathematicallycorrect.com, 二〇〇八年八月）。

数学「戦争」とともに有名なのが国語「戦争」である。個々の部分を文脈から切り離さない理解などを強調する「ホール・ランゲージ」（whole language）と、その批判者との間の熾烈な論争はまさに言葉の「戦争」である。後者は、体系的に読解のスキルを習得することを目的とした短い読み物が配列され（例 語彙を統制したような）、練習問題を含む基礎的な読本の使用、フォニックスやスペリングのワークブックなどを用いて、教師の直接的で明示的な指導によって、効率的、体系的に文章を成り立たせている構造やルール（例 文法）、綴りの規則や解読のスキルを習得させようとする。教科は違うものの、前述の新学力的数学の特徴やそれをめぐる対立構図と極めてよく似ている。

こうした、いずれの国においても二律背反として語られがちであった「新しい」学力とその対抗的な学力について、基礎学力センタープロジェクトの共同研究者がそれぞれの国の概念を組み込む形で表現したのが章末に掲げた資料Iである。シンガポールでも日本でも中国でも、「新しい」学力の語られ方は、アメリカとレトリックのレベルでは極めてよく似ている。定義するにあたって、二つの極を分ける一つの特徴が、特定の知識体系（日本語訳では教科とした）を教えることを志向しているか否かにあることから、両極を教科（英語ではコアになる知識としてのカノンと言う語を使った）準拠型志向の基礎と教科再構築型志向の基礎（「新しい」学力に対応）と呼んだ。それぞれの特徴を整理した内容を章末に収録しておく（恒吉他、二〇〇四）。

4　東アジア的バリエーション

前節で示した志向に関して、日本や中国、シンガポールにおいては、東アジア的なバリエーションがある。シンガポールにおいて、「考える学校、学ぶ国家」（thinking schools, learning nation）として推進された「新しい」学力、日本の新学力観や中国の応試教育に対する素質教育も、いずれも受験的な学力、これらの社会の教育を支配してきたテスト的学力と対抗的にイメージされる傾向があるように思える。熾烈な受験によって教育が特徴付けられるこれらの国においては、数学における反復計算、公式を暗記して応用する、国語の解読、事件や年号などの「事実」を暗記して表す、教師主導の（一斉指導の）授業などは、単に従来型の教育であったり、構築主義に対する行動主義云々の理念と結び付けられるのではなく、受験型学習と重ね合わせてイメージされやすいのであろう。一方、もう一つの「新しい」学力イメージの端には、欧米的なモデルが想定されている。

「新しい」学力を推進する際の葛藤軸も、受験との絡みで理解されやすい。教科準拠型の試験が選抜の鍵を握ってきたこれらの社会では、学校が教科再構築型の指導をしようとすると、生徒の目の前のニーズ（選抜）と乖離しやすい。他方、試験自身が教科再構築型に移行する傾向がこれらの国でも見られるが、その内容は模索中であり、必ずしもわかりやすいものばかりではない。あるいは、試験が重要なこれらの試験社会では、試験が「新しい」学力をターゲットして形態を変えれば、生徒達は試験勉強によって、〝進学力としての新学力〟を身に付ける必要性が出てくる。しかも、「新しい」学力の測定は従来のテストほど基準が定まらず、慣れていない子どもにとってはことさらわかりにくい（できないよりもわからない）ものになっていく危険性もあろう。こうした点に関しても、より早くから教科準拠型と再構築型が共存してきたアメリカでの状況は参考になる。多文化共生から見た学力という、「学力」そのものからやや的をはずした角度から、以下にいくつか検討する。

5　定型化された指導の明暗

本章で言うところの教科再構築型を推進してきた前述のNCTMの数学スタンダードとそれに則ったプログラムは、それらが色々な学習スタイルに応え、多様な対象、女性やマイノリティにも興味の持てる数学であると主張している。だが、教科再構築型で好まれる、こうした、教師の直接指導が少ない、日常的な問題などに引き付けた自己発見的な学習方法は、実践としてはその曖昧さゆえに低学力層などに不利だという批判もなされてきた。

明示的に知識や解法パターンを示し、反復練習をし、国家カリキュラムなどによって指導内容を方向付けた定型化された（scripted）指導によって教科準拠型の基礎形成を目指した教育は、日本、そして、他の（東）アジア諸国も得意としてきたタイプの教育であり、特に日本やシンガポールの数学は現在でも「新しい」数学の批判者（と支持者にもしばしば）、モデルとして引用され続けている。したがって、以下の議論は、教科準拠から再構築型への転換を目指してきた日本にとって示唆にとむものであろう。

アメリカの定型化された代表的なプログラムとして、例えば、「直接指導」（Direct Instruction）や「全ての子どもに成功を」（Success for All）、「オープンコート」（Open Court）などがあるが、いずれも、狭義の「学力」向上、特に低学力層の引き上げを一つの焦点にしている。その結果、いずれも指導を定型化し、指導内容や教師が何をするのかがあらかじめ決められている傾向がある。このため、教師の創造性や自律性を損なうものとして批判される反面、教師の指導力に左右されにくく、ペースが速く（例 教師が自分でカリキュラムを開発せず、目指すべきペースが設定されている）、一定の指導の質を保ちやすいとも言われる。

これらのプログラムは前記の分類では教科準拠型の特徴を持ち、いずれも国語で言えばフォニックス、解読などの特定できるスキルや思考プロセスを明示的、体系的、効率的に教えようとする。そして、進むペースが速く（時として進学塾式にゴールから逆算して現在やらなくてはいけないことを主張する）、評価を頻繁に行なって、習熟度に基づくグループ分けを行なったり、間違いをすぐキャッチして修正させたりしながら、効率的に「学力」向上を図る。それまでの子どもの経験を生かして試行錯誤する過程を重視する新学力的な（ここで言うところの教科再構築型）アプローチと異なり、これらのプログラムは教師が直接指導し、むしろ、それまで子どもがどのような経験の蓄積を持っているかに左右されず、どの子どもも知識や解法がわかるように、明示的、体系的、効率的に段階を追って示すことがフェアであると考える場合が少なくない。この明示性が、前記の教科再構築型のファジーさ（わかりにくさ）と対置される。

似たような発想は、例えば、教科準拠型の典型的なプログラムである、コア・カリキュラム（core curriculum）のモデルでも見られる。これは、「どのアメリカ人も知るべき」知識体系の必要性を『文化リテラシー』（Hirsch, 1987）という書で説いて話題となったハーシュが推進した共通カリキュラム（コア・カリキュラム）に基づくものである。カリキュラムの内容は伝統的なアメリカのカリキュラムであり、西欧の古典など、既存の支配体系を前提として、それが習得すべきもの（変革するものではなく）として提示されるため、多文化主義者などからはその保守性が批判されてきた。しかしながら、ハーシュは、世界の高「学力」国で、学力格差が少ない国々は皆、初等教育で特定のコアとなる知識（教科準拠型）を教えていること、そして、明示的に「全ての子どもが共有すべきコア知識を提示することで、その知識への全ての子どものアクセスを保障でき」(Hirsch, 1993, p. xvii)、そうした知識に家庭で触れることができない子どもが不利になることを防ぎ、学力格差を縮められると主張する。そして、日本はまさにこれを行なっている例として度々言及されている(Hirsch, 1993 ; Core Knowledge Foundation U.d.)。

前述のような定型化された諸プログラムは、教師主導であることが多く、内容が規格化され、教科準拠型のモデルであるために、保守的な教育として進歩主義的な論者には批判されてきた。だが、本章の多文化共生のテーマとの関係で考えると、なぜ得点力(特に学力底辺層=多くの場合はマイノリティ、の得点力)を短期間で上げようとするこれらのプログラムが、しばしば、明示的な教師主導の教科準拠型の教育を主張するのかを問うことも大切なように思える。こうした路線は、スピードレース的な筆記試験が選抜の基準となっている場合、その試験の得点を上げるのが目的であるならば、合目的的であるかもしれないからである。つまり、階層差の視点からすると、「学力」に結びつく経験を家庭で得られなかったり、試験に反映されるマジョリティ的前提とは違う基準を持っていたりするために(例 民族的マイノリティ)、暗黙の内に何が試されているかがわからない生徒にとっては、必要なものは与えるという発想で、ペースを上げて、効率的、体系的に必要なスキルや知識、どのように一番効率的に解くのかを「明示的に」インプットすることが、短期間で得点力を上げるという観点からは合理性を持っているのかもしれないからである。日本では、進学塾がしばしば行なっているような指導であり、東アジア諸国の従来の教育特徴は、いずれもこれに当てはまる。

それは、確かに、筆者が関わることが多い多文化教育などが求めてきた、既存の知の基準そのものを問い、より公正な社会を求めて選抜の仕組みなどの制度にメスを入れ、変革的な態度を育成していくことを求めるような教育とは違う。だが、東アジアの試験社会の現実にも、追いつけ追い越せの急激な近代化を行なってきた後発国のニーズにも対応をしてきた教育なのであろう。

6　方向性を求めて

TIMSSの国際学力テストでシンガポールが数学で世界一になってから、アメリカなどにおいても「シンガポール・マス」(Singapore Math) を採用する学区が出ている。(注2) ここにおいてもシンガポールの強さとして指摘されるのは、教科準拠型の基礎で書いたような特徴である。例えば、アメリカ教育省の支援を受けて出された報告書では、シンガポールの数学教科書に関して、合理的に考え抜かれ、段階的に積み上げられた国家フレームワークに沿った体系性が強さとして挙げられている。内容を相互につないだり、生徒に考えさせたり、コミュニケートさせたり、現実世界に引き付けさせる（つまり教科再構築型）ことではアメリカの教科書が強いものの、その土台となるべき概念の学習が不足しているために、全体としてシンガポールの教科書の方が優れているとされている（American Institutes for Research, 2005, executive summary)。

あるいは、前述の一九八九年のNCTMカリキュラム・スタンダードと中等教育段階でのシンガポールの教科書とアメリカの教科再構築型の代表的教科書、「コネクトした数学」(Connected Mathematics) と「文脈に沿った数学」(Mathematics in Context) を比べた報告書でも、シンガポールの方が数学のレベルが高く、明晰な数学言語で語っているものの、計算機の使用、自己の解法を見出しそれを説明したり他の人の解法を分析したりなど（教科再構築型）の観点から見るとアメリカに劣るとされている。シンガポールのアプローチは特定の問題に関して「最もよい解法だとされるものを提示し、複雑な問題を解くことによって生徒はこれを練習する……理念は練習をさせることにあり、選択し、発展させ、分析する機会を与えることではない」という (Adams et al., 2000, p.156)。同時に、アメリカの「新しい」学力の教科書が提唱するようなアプローチは、より時間がかかるとともに、教師のより高い専門性を前提とし、それらが確保されているのかどうかについても触れてある。

あるいは、数学戦争の最前線に立ったカリフォルニア州では、最初NCTMの（教科再構築型）基準に沿った路線で出されたスタンダードが反撃に遭い、後に方向転換をしている。NCTM路線の批判者であり、改訂に関わったスタンフォード大学の数学者 (James Milgram) が、前述の新学力的「コネクトしている数学」「数学国」が日本のカリキュラムをモデルにしたという主張に対して、それらと日本の数学カリキュラムについて、違いを指摘している。その際に「現在の（改訂）カリフォルニア・数学スタンダードは日本、シンガポール、ハンガリーという、数学において世界で最も高い成果を出している国々を参考にしている」(〈http://www.hobel.org/mva/id127_m.htm〉二〇〇八年八月入手) とし、日本の教科書において問題解決的学習は重要であるものの、それらは「統制」された形で紹介され、「コネクトされた数学」などが薦めるファジーな問いに対して集団で生徒を話し合わせれば解法が出てくると錯覚するようなアプローチと違うとしている。ここでもまたNCTM路線の批判者によって評価されているのが、日本の「新しい」学力的な実践（問題解決学習）の教科準拠型な面（例 教師によって特定の方向へと導く問題解決）である。

日本が従来、得意としてきたような教育の長期的効果については疑問も持たれてきた。そもそも、国際学力テストにおいて、日本人生徒は数学と日常性との関連性を見出さず、数学の得点は高いものの、数学が楽しくない傾向があるとの結果が出ることは、既に度々指摘されてきた。

日本や韓国、中国（の参加している地域・都市）、シンガポールなどは、受験型の教科準拠型教育を柱としながら理数系において高得点を取る国々として知られてきた。日本やシンガポールは、実はある種の文脈において、特に数学では、国際的モデルとなっているのである。それらの国において、欧米モデルの借用を越えて、どのような社会を目指し、それゆえどのように教科準拠型と再構築型の二律背反を乗り越え、自国社会に合った形で展開させていくのかが問われている。

7 むすび

本章では、学力を「学力」としてではなく、多文化の共生に絡めて学力を見ることによって感じたことをいくつかまとめた。

学力を「学力」として見ない視点は、その社会、その時代において評価される内容も、それによってどのような「学力」が有利になるのかも、社会的に作られていることに目を向けさせる。従来の教科準拠型の日本や中国、シンガポールなどのアジアの試験社会の教育は、効率的に教科準拠型のテストでの得点力を上げるのにはある種の合理性があったのであろう。アメリカにおいて、前記のように、学力底辺層のテストの得点を短期で上げようとすると、従来の「日本的」、あるいは、さらに言えば、進学塾的になってくるのは、おそらく偶然ではない。学習するということに対して喜びを見出すかとか、自分のテーマを見出して論文が書けるかとか、こうした能力が育つかどうかはまた別問題である。

テスト学力を向上させようとするプログラムのある種の狭さに対して、対人関係ネットワークを補強することによって、ソーシャル・キャピタルを高め、狭い意味での「学力」(前記のような)と言うよりも、総合的な学ぶ力、協力する力などを向上させようとする試みもある。つまり、対人関係のネットワーク化、共同体の構築をしながら、教師や生徒が自己解決能力を身に付けていく、社会的・人的な意味での資本の強化そのものを総合的に扱おうとするタイプの実践である(例 アメリカで言えばComer School Development Programs, ATLAS Learning Communitiesなどのモデル)。こうしたモデルは対人関係を作り上げていくことによって学習環境を向上させていくだけに、鍵となる人(人々)がいるかどうかに左右されたり、結果が出るまでに時間がかかる傾向がある。他方、狭いテスト「学力」に子どもの能力を限定しない、うまく行った場合は人格の形成を総合的に促進する強さを持っている。同時に、身に付いたものがテストや数字で測定しにくく、数値目標や学力テストが重視される今日の各国の流れの中では、しばしば逆境に立たされているようにも見える。

つまり、一口に学力やその育成と言っても、実際には一枚岩ではなく、誰のための何を目指すのかという、社会的な問いと結びついている。教科準拠型の特徴を持つ教育と、教科再構築型の特徴を持つ教育のどちらが学力向上にとって有効かという問いがされることもあるが、どのような学力に対して有効なのか、どのような目的のための学力なのか、あるいは、どのような子どもにとっての学力なのかを、改めて考えさせられる。

（注1）本研究は、東京大学大学院教育学研究科、基礎学力研究開発センター、二一世紀COEプロジェクトの一環として行なわれた。恒吉僚子（東京大学）、秋田喜代美（東京大学）、藤村宣之（名古屋大学）、村瀬公胤（信州大学）、代玉（博士課程、東京大学）、森いづみ（博士課程、東京大学）、河野麻沙美（博士課程、東京大学）、Catherine Lewis (Mills College, U.S.A.)、Barbara Finkelstein (Maryland State Univ., U.S.A.)、Christopher Bjork (Vassar College、U.S.A.)、鄭太年（華東師範大学、中国）、Christine Kim-Eng Lee (National Institute of Education (NIE)/Nanyang Technological University (NTU)) ; Koay Phong Lee (NIE/NTU Singapore)、Chen Ai Yen (NIE/NTU, Singapore) Kho Ee Moi (NIE/NTU, Singapore)、Edmund Lim (NIE/NTU, Singapore)。

（注2）〈http://www.singaporemath.com〉、二〇〇七年七月入手。Hoover Institution, Stanford Univ. のホームから、"Miracle Math" (A successful program from Singapore tests the limits of school reform in the suburbs, by Barry Garelick, Education Next No. 4 2006, 〈http://www.printthis.clicability.com〉)。

資料Ⅰ・教科準拠型志向基礎と教科再構築型志向基礎の初期定義

1 教科準拠（Canon-Embedded）型志向の基礎

従来のテストで測定されてきたことが前提となる知識やスキルとその応用。教科準拠型志向の基礎が強調される場合においては、あらかじめ設定された（教科ごとの）「基礎」（discipline-based）として、子どもに獲得されるべき知識、資質、スキル（そして、人によってはここに態度や習慣を付け加えるかもしれない）が想定されている（例 基礎的計算、概念の知識、解読）。子どもにとっての意味や理解のプロセス、「わかるようになる」ことを強調しがちな教科再構築型基礎を育成しようとしたアプローチに対して、（従来のテストで測定して）「できるようになる」、学力を直に付けることに力点が置かれる傾向がある。

習得すべきだとされる知識・スキル群がある以上、その基礎を効率的に伝達する、そして、応用・適用できるように教えるのが教師の大きな役割であり、教科準拠型を志向した基礎の習得は、教師による説明、間違いの訂正（例 作文指導における添削と内容の評価）と正解の提示などの教師の直接指導（direct instruction, didactic teaching）によって効率的に基礎を伝達していくような指導方法と結び付けられやすい。また、様々なペダゴジーを探索することに価値を見出しがちな教科再構築型志向の授業に比べて、一斉指導（whole-class instruction）としばしば結び付けられてきた。

教科準拠型基礎を強調するアプローチは、それぞれの教科のコアとなる知識やスキルの習得を強調する傾向がある。教科書は、そうした「基礎」を具現化したものとして、練習問題なども含めて忠実に教科書〝を〟教える、詳細な教師用指導書に忠実に沿った指導をすることが一つの典型となる。コアの知識内容やスキルが強調され、それを習得すべきものとして、別個に暗記したり練習する手法が教科再構築型を志向する授業よりも依拠される傾向がある。特定の事実や事柄を暗記したり（例 基本的な語彙やことわざなどの暗記、漢字やスペリング）、暗記して適用したり（例 算数の公式を覚えてその手続きを正確に行なえるようにする、社会科における歴史的事実、年号、重要だとされる歴史的文書や重要人物などの暗記、地理分野では地図の利用の仕方を覚える、国や国の中の単位、例えば日本の県やアメリカの州の特徴などを覚える）、一斉に暗唱したり（例 国語の音読、詩や古典の暗唱）、特定のスキルをターゲットして習得を目指してドリルをしたり（例 計算ドリルを早く正確に）などが行なわれる。そして、こうした獲得すべきだとされる知識やスキルの習得度を測る漢字（スペリング）テストや競争（spelling bees, math competitions）などが活用されがちである。教科準拠型基礎は、価値教育の面では、反復訓練をこなす勤勉さ、（例え面白くなくても頑張る）忍耐強さ、努力などの（伝統的）価値と整合性が高いと言えよう。

2　教科再構築（Canon-Reconstructive）型を志向した基礎

従来のテストでは測定しにくい、問題解決能力、批判的思考、表現力、内発的モチベーション（intrinsic motivation）、メタ認知的な能力（meta-cognitive）などの能力を指す場合が多い（人によって挙げる資質は変わってくる）。教科準拠型志向の基礎を強調するアプローチに比べ、与えられた知識やスキルの体系の習得、「正しい」答えに到達することよりも、思考や理解するプロセスや、獲得される内容が子どもにとってどのような意味を持つのか、どのように関係（レリバレンス）しているのかを問題にする傾向がある。子どもの興味関心から出発し、部分的事実を個別的に扱うのではなく、コンテクスト（context）を強調し、現在の子どもの持っている知識と個々の学習スタイル（individual differences in learning style and prior knowledge）の違いがあることを前提にして、それに「柔軟に」対応することに価値を見出す傾向がある。子どもにとって関心のあることを行なうプロセスの中で、子どもが必要なスキルを獲得するようなアプローチが、そのスキルをコンテクストから分離して習得する（例 ドリル）ことよりも好まれる。知の総合化、教科を横断した学習を好む傾向もある（例 ある時代の歴史を、歴史の時間の歴史的資料を用いて、また、その当時の文学、音楽、美術などを横断して学ぶ）。例えば、社会科（歴史の部分）を例にすると、習得すべきコアの知識やスキルを想定し、重要事件についての定説を覚えるよりも、それを批判的に見る方に力点がかかる（例 アメリカの例を挙げると、従来の「建国の父たち」（founding fathers）を中心とする建国のものがたりを批判的に見直し、それと、奴隷の側から見たアメリカ社会を示す資料を比較検討できるような資料を使う）。知識（コンテンツ）の受容者、消費者としての子どもに対して、知識の創造（creation of knowledge）をする者としての子どもを強調する傾向がある。

伝統的なテストの点数だけでなく（あるいは、それに代わって）、書いたもの、プロジェクト、クラスメートへの発表、社会に直接関わる（real-world）ボランティア活動や環境保全への活動、劇のパフォーマンスなどの学習の蓄積が好まれる傾向がある。伝統的テストに対して、ポートフォリオなどによる評価が好まれ、評価を学習のプロセスの一つとして位置付ける傾向が強い。

探索的な活動（inquiry）、問題解決（problem-solving）的な学習を好み、オープンエンデッドな答えの決まっていない問いが与えられたり（open-ended）、カリキュラムを現実社会の問題（real-world problems）や自分に引き付けた体験的学習（hands-on）に絡めて扱おうとする傾向（例 酸性雨が自分達の生活にどのように関わっているか、社会科の勉強と関連して地域のお年寄りに戦時中の経験をインタビューする）がある。テーマ、発見、調べ学習など、探究的な性格を持つものが多く、教室を越えた世界へと学習を広げようとする傾向（例 IT、インターネットの活用、外部からの講師）、図書館や博物館を用いた調査や情報収集などの情報収集・処理スキルの重視、二一世紀の社会で必要とされるような資質（例 協調性、交渉能力、国際理解）が模索される傾向がある。後者のような教科を越えた領域に焦点化したような実践（例 国際理解教育、情報教育）や手法（例 アメリカの協同学習）について付け加える必要もあろう。また、対話、ダイアローグ、他の子どもとの共同作業なども好まれる傾向があり（例 協同学習、小集団やクラスメートの活用）、一斉指導に対して、様々なペダゴジーの組み合わせが意識的に探索される傾向が強い（cooperative groupwork, problem-based learning, project work, IT, fieldwork）。

メタ認知的（meta-cognitive）な傾向を持つ。自分が何を学んだかの反省、自己評価をモニターするツール（例 ルーブリック、日記、ジャーナル）の使用によって、自己評価が重視され、それが学習の一環に組み込まれる。発達や個々の子どもの学習スタイルの違いなどに配慮した議論もしばしばなされる。

参考文献

恒吉僚子他（二〇〇四）「日本、アメリカ、中国、シンガポールにおける教育観の国際比較研究――ビデオ・インタビューによる考察」『基礎学力育成システムの再構築（中間レビュー）』基礎学力研究開発センター、八九―一〇一頁。

恒吉僚子編（二〇〇七）『日本、アメリカ、中国、シンガポールにおける教育観の国際比較研究――ビデオ・インタビューによる考察』(An International Comparison of Views of Education in Japan, the United States, China and Singapore : A Video Interview Analysis)、二一世紀COEプログラム、東京大学教育学研究科、基礎学力研究開発センター。

Adams, Loyce M. et al. (2000) *Middle School Mathematics Comparisons for Singapore Mathematics, Connected Mathematics Program, and Mathematics in Context*. November 2, 2000 report submitted to the National Science Foundation (March 26, 2001).

American Institutes for Research (2005) *What the United States Can Learn from Singapore's World-Class Mathematics System (and what Singapore can learn from the United States) : An Exploratory Study* (Prepared for the U.S. Department of Education Policy and Program Studies Service). Washington, D.C. : American Institutes for Research, January 2005.

Core Knowledge Foundation. U.d. *Filling the Void : Lessons from Core Knowledge Schools* (retrieved August, 2008 〈http://www.coreknowledge.org/CK/about/research/Filling_the_Curriculum_Void.pdf〉).

Dale, Roger (1999) "Specifying Globalization Effects on National Policy : A Focus on the Mechanisms." *Journal of Education Policy,* 14 : 1-17.

Hirsch, E. D., Jr. (1987) *Cultural Literacy : What Every American Needs to Know*. New York : Vintage Books.

Hirsch, E.D., Jr. (Ed.) (1993) *What Your Sixth Grader Needs to Know : Fundamentals of a Good Sixth Grade Education*. New York : Doubleday.

Lareau, Annette (2000) *Home Advantage : Social Class and Parental Intervention in Elementary School*. Lanham, Maryland : Rowman & Littlefield.

Ogbu, John U. (2003) *Black American Students in an Affluent Suburb : A Study of Academic Disengagement*. Mahwah, NJ : Lawrence Erlbaum Associates.

Rivi, Fazal & Bob Lingard (2006) "Globalization and the Changing Nature of the OECD, s Work." pp. 247-260, in *Education, Globalization & Social Change*, edited by Hugh Lauder, Phillip Brown, Jo-Anne Dillabough, A.H. Halsey. Oxford : Oxford University Press.

Willis, P.E. (1997) *Learning to Labor : How Working Class Kids Get Working Class Jobs*. Westmead : Saxon House.

4章 学力調査と格差問題の時代変化

半世紀前の全国テストが照射するもの

苅谷剛彦

1 問題の設定

東京大学大学院教育学研究科の二一世紀COE「基礎学力育成システムの再構築」プロジェクトは、二〇〇二年度に始まった。その頃から現在までの「学力」問題の推移を振り返ると、あまりの変化に驚きを感ぜずにはいられない。このプロジェクトが始まったときには、「全国学力・学習状況調査」（以下「全国学力調査」略記）はまだ実施されていなかった。抽出調査である「教育課程実施状況調査」も、その時点では結果報告がなされていなかった。全国レベルの「公式」の「学力データ」を欠いたところで、学力についての議論が行われていたのである。「基礎学力」を研究対象とする私たちCOEの研究活動もそうした中で始まった。

今から振り返ると、私たちが二一世紀COEとして研究活動を行った二〇〇二年〜〇六年の五年間は、「学力調査の時代」（苅谷・志水、二〇〇四）の幕開けと重なる。この間、「教育課程実施状況調査」が複数回行われ、その結果が新聞や雑誌で大きく取り上げられた。OECDが実施したPISAのような国際学力調査の結果も同様である。さらには、COEの活動が終わった翌年の二〇〇七年には、中学校では四三年ぶりに、小学校では日本の教育史上はじめての、悉皆による全国学力調査が行われた（ただし犬山市や一部の私立学校が不参加）。少なくとも学力データの有無という意味では、全国的なデータを欠いた学力論争の時期は終わりを告げた。

ところが、全国的な学力データの収集は行われたものの、それらを用いた分析を通じて、学力をめぐる議論がどれだけ進展したかを見ると、そこには大きな疑問をもたざるを得ない。とりわけ、学力格差をめぐる問題や、教育政策に関わる分析については、文部科学省が実施した学力調査の設計上の問題もあって、十分な検討が行われた形跡はほとんどない(注1)。

教育課程実施状況調査や全国学力・学習状況調査のデータは、児童生徒対象の質問紙調査とセットで行われている。にもかかわらず、これまで公表されてきた分析結果の多くは、単純な平均値の比較に留まるものがほとんどであった。教育格差や政策評価に関わる問題について、社会科学的に学術的な価値を持つ分析はほとんど行われていないのが現状である。教育改革論議においてデータ＝エビデンスの欠如が指摘され、学力データの蓄積が始まったのに、それを政策に生かすための分析が行われない。何とも奇妙な状態が続いている。

本章では、こうした学力調査をめぐる現状の問題点を明らかにするために、次の二つの分析課題を設定する。第一の課題は、一九五〇〜六〇年代という、過去の学力調査の時代を振り返ることで、そこで何が問題とされ、どのような分析が行われていたのかを確認することである。あとで詳しく見るように、問題意識の先鋭さという点でみると、一九五〇〜六〇年代に実施されていた全国学力調査の時代よりも、現状は、むしろ後退している感さえある。しかも、周知の通り、五〇〜六〇年代の「学力調査の時代」は、全国的に学力テストへの反対論が根強く、広範に行き渡っていた。「差別選別教育」批判や「能力主義的差別教育」批判の根幹をなす学力テスト反対論である。ところが、こうした文部省（当時）対日教組という左右の対立図式を背景に「学テ反対」運動が隆盛を極めるなかで、悉皆による学力調査は現在以上に政策課題との関連性を明確に示していた。それも、現在の用語を用いれば、「教育格差」への対応が主な政策課題だったのである。このような五〇〜六〇年代の「学力テストの時代」と二〇〇〇年代のそれとを比較することで、現在の学力テストをめぐる政策論議や反対論の特徴をあぶり出すこと。これが本章の第一の課題である。

第二の分析課題は、この第一の課題と関係しつつ、全国学力調査データの再分析を行うことである。上に述べた第一の課題の分析から明らかになるのは、五〇〜六〇年代に比べ、現在の「学力調査の時代」は、奇妙なことに、社会科学的な分析が十分に行われていないことである。そのことをふまえ、第二の分析課題は、利用可能な学力調査データを用いた再分析を行い、このギャップを埋めることにある。とくにこの章では、六〇年代の悉皆による全国学力調査データと、同じく悉皆による〇七年の全国調査の再分析を通じて、四〇年間の隔たりを経て、日本の教育にどのような変化が生じたのかを、地域間の学力格差に焦点づけて明らかにする。

つぎの節で明らかにするように、文部省（当時）は、公式の調査報告書においては、悉皆調査の結果を都道府県別には一切公表していなかった。〇七年との違いがそこにも表れている。ところが、偶然、筆者は六〇年代の全国調査の都道府県別の結果を入手することができた。個人レベルの個票による分析はできないのだが、県を単位にした地域間の比較分析は可能である。このデータに、他の教育指標や社会経済的指標を加えることで、六〇年代の学力データを用いた再分析が可能になる。個人レベルのデータではないが、都道府県レベルの地域間の教育状況や社会経済状況が学力テストの平均得点とどのような関係を持っていたのかを明らかにする上で、再分析を行うに値するデータといえる。しかも、同様の分析を〇七年データに対しても行うことが可能である。つまり、四十数年間を隔てて、都道府県単位で見た学力状況の変化、とりわけ、都道府県間の格差や、そうした格差を生み出す要因の変化についての分析が可能となる。このような分析は、学力調査をめぐる現状において、政策論的にも社会科学的にも一定の意味をもつといえる。過去に行われた学力調査の先鋭な問題意識と、それを失ってしまった現在とのギャップを埋めることが、「学力調査の時代」を、かつてのようなイデオロギー対立に終始した不毛な教育論争の時代（苅谷、二〇〇三）にしないための研究課題だと考えるからである。しかも、こうした実証的な再分析から得られる知見をふまえることによって、学力調査をめぐる現状の問題点もより一層浮き彫りにできると考えるのである。

2　一九六〇年代の学力問題

調査のねらい

一九五〇年代の後半以後、戦後日本の教育は、いわば〝第一次〟「学力調査の時代」を迎えることとなった。一九五六年には全国規模の抽出による学力調査が、一九六一年からは中学校においては悉皆による学力調査が実施されることになった。これらの調査はどのような課題を背負って始まったのか。調査のねらいはどこにあったのか。教育学研究の分野では、これまでは学力テストに反対する立場から、その時代を批判的に振り返ることが多かった。だが、ここではそうした予断を一端留保した上で、全国学力調査がどのような政策的な目的を担って実施されるに至ったかについて、資料をもとに振り返ってみたい。

最初に全国的規模で抽出による学力調査が実施されたのは、一九五六年であった。一九五八年の学習指導要領の改訂(注2)の直前に実施された調査である。

その報告書には、調査のねらいとしてつぎのような文言が示されていた。

「この調査は、全国的な規模において、小学校・中学校・高等学校における児童・生徒を対象とし、国語・数学（算数）の2教科における、いろいろの角度からの学力の実態をは握して、学習指導および教育条件の整備・改善に役立つ基礎資料を作成することを目的とする。（中略）［ねらいの――引用者注］第3は、教育条件の違いによる学力の差異の考察を行うとしたことである。すなわち、学校規模、地域類型等のいくつかの教育条件を設け、それぞれの条件が相違することによって、学力がいかに変わるかという点を明らかにしようとしたことである。」（文部省、一九五七、一頁）

教育条件の違いによって、学力の差異を明らかにし、そのように蓄積される「基礎資料」をもとに、「学習指導および教育条件の整備・改善」に役立たせようというのである。しかも、第一回目であったので、調査の継続の意義についてもつぎのように書かれていた。

「また今回のような大規模な調査は、従来実施されていなかったので、この調査の結果だけから、学力が向上したかどうかを検討することはできない。そこで、今回の調査を出発点として、将来何年か後にこの種の調査をくりかえし実施し、それによって学力の向上、低下の問題を究明することが可能となるように問題及び領域の構成に関して、特に考慮を加えようとすることが問題のねらいの第2点である。」（文部省、一九五七、二頁）

調査の継続をめざすのは、学力の「向上、低下の問題を究明する」こと、すなわち、学力の変化をとらえようとすることにあった。こうした公式文書を見る限り、文部省が、教育行政を行う上での基礎資料＝エビデンスの収集に努めようとしていたことがわかる。なかでも、「学校規模、地域類型等」の「教育条件の違い」によって学力の差異が生じていないかを把握することで、教育条件の改善＝教育の平等化に役立てようという意図が込められていたことは記憶にとどめておいてよい。後に見るように、この点さえも、当時の反対派は偽善的な目的設定として退けてしまうからである。

次に、第一回目の悉皆による調査の目的についても確認しておこう。抽出調査では得られない情報を得ることに、どのようなねらいがあったのかを知ることができるからである。

前述の通り、一九六一年一〇月に、日本で初めて中学生を対象とした悉皆による全国学力調査が実施された。その報告書が『全国中学校学力調査報告書昭和三六年度』（昭和三八年二月刊）である。この報告書の序文は、当時文部省調査局長であった天城勲氏（のちの事務次官）の手による。この序文には、悉皆による学力調査の目的がつぎのように記されていた。

「その目的は、中学校における学習指導の改善と教育条件の整備のための全国的な規模をもった基礎資料を得、これによって学校間、地域間の隔差《（ママ）》を是正し、学力水準の向上をはかり、もって教育の機会均等の実質的な確保をめざすものである。」。（文部省、一九六三、序文［頁番号なし］）

この序文に明確に示されているように、「学校間、地域間の隔差」の是正、「教育の機会均等の実質的な確保」の基礎資料となることに、悉皆による全国学力調査のねらいがあった。そのことを具体的に示しているのは、報告書の構成にふれた序文の次の箇所である。

「『第II部B学力差の実態』『C学力差の分析』は、学力と教育条件との関係をさまざまな角度から比較、考察している。これは、悉皆調査によって初めて得ることができた豊富な資料を用い、学力に影響を与える条件にはどのようなものがあるかという観点から、個々の条件と学力との相関関係を詳細に分析したものである。」（文部省、一九六三、序文［頁番号なし］）。

あとで見るように、報告書の第II部「B学力差の実態」と「C学力差の分析」では、「教育の機会均等の実質的な確保」という政策課題に応えるための分析結果が示されており、それがその後の政策立案の「基礎資料」として生かされた形跡が窺える。

さらに、調査結果の活用として、つぎのような文章がつづく。

「これらの調査結果は、国、教育委員会、学校の各段階で、いろいろな観点から検討され活用することができる。その主要なものをあげると、国においては「第II部D教科別にみた学習の到達度」を教育課程に関する諸施策を樹立する資料として利用することができ、「C学力差の分析」は教育条件の整備および育英、特殊教育施設などの拡充、強化の資料として役立たせることができる。

教育委員会においては、「D教科別にみた学習の到達度」によって学習指導を改善する資料をうることができるし、「C学力差の分析」は教育条件を整備するための有益な指針となるであろう。さらに、学校においては「B学力差の実態」によって自校や個々の児童生徒の学力水準を全国的な比較において知り、「D教科別にみた学習の到達度」によって生徒の学習指導を改善し、その学力の向上をはかることができることなどである。」(文部省、一九六三、序文[頁番号なし])。

もちろん、報告書の序文だけからでは、六〇年代の学力調査が実際にどのような基礎資料を提供したのかはわからない。四六年ぶりに二〇〇七年に実施された悉皆による全国学力・学習状況調査においても、調査のねらいにはつぎのようなことが書かれているからである。文部科学省「平成一九年度全国学力・学習状況調査について(平成一九年四月二四日)」には、つぎの文言がある。

「全国的な義務教育の機会均等とその水準の維持向上の観点から、各地域における児童生徒の学力・学習状況を把握・分析することにより、教育及び教育施策の成果と課題を検証し、その改善を図る。」(http://www.mext.go.jp/a_menu/shotou/gakuryoku-chousa/zenkoku/07032809/002.htm)

さらに、今回の調査の目的には、機会均等と並んで、「教育施策の成果と課題を把握」するという目的が掲げられていた。先の調査の目的の次に、つぎの文章がつづく。

「各教育委員会、学校等が全国的な状況との関係において自らの教育及び教育施策の成果と課題を把握し、その改善を図り、併せて児童生徒一人一人の学習改善や学習意欲の向上につなげる。」

これら「調査のねらい」の文章だけを比べれば、一九五〇年代、六〇年代の学力調査と二〇〇七年調査との間に大きな違いは見られない。

分析結果

文章とした書かれた調査のねらいには大きな違いがないのだが、半世紀を隔てた違いが表れるのは、実際の報告書の内容においてである。

はじめに、一九五六年に実施された第一回の抽出調査の分析結果報告を見ておこう。抽出による調査とはいえ、そこには、調査のねらいに書かれたとおりの分析と考察が行われていた。たとえば、教育費と学力との関係について、つぎのようなデータが示されていた（表1、表2）。

そして、この表の下に、つぎのようなコメントがつけられていたのである。

「どの（学校）規模においても、多少の例外を除いては、児童・生徒一人当り消費的支出が増加するにつれて、学力も少しずつ向上していることがわかる。ことにこの傾向は、学校規模が大きい場合ほど例外が少なく明瞭にあらわれている。」（文部省、一九五七、二五五頁）

表 1　学校規模別，児童・生徒 1 人あたり教育費別の学校平均点の平均（小学校）

教育費 ＼ 学校規模	241人〜360	361〜480	481〜600	601〜900	901〜1200	1201〜1500	1501人以上
円　　円	点	点	点	点	点	点	点
1001〜 2000	—	—	—	35.0	—	—	—
2001〜 3000	35.0	—	—	—	—	—	—
3001〜 4000	—	—	—	—	35.0	—	—
4001〜 5000	35.0	—	35.0	—	—	—	—
5001〜 6000	—	—	—	—	35.0	—	35.0
6001〜 7000	—	25.0	15.0	36.5	35.8	37.2	42.1
7001〜 8000	27.5	31.7	32.7	35.0	39.7	39.6	44.2
8001〜 9000	32.3	31.4	33.1	39.2	39.4	39.7	43.2
9001〜10000	31.9	36.5	36.3	34.4	42.8	39.0	43.0
10001〜11000	35.9	34.3	35.0	39.0	41.7	38.3	45.0
11001〜12000	36.3	33.8	39.0	39.3	41.7	40.0	45.0
12001〜13000	34.2	32.1	41.7	32.5	45.0	47.5	—
13001〜14000	38.3	40.0	—	40.0	45.0	—	—
14001〜15000	35.0	35.0	35.0	35.0	50.0	—	—
15001〜16000	35.0	—	—	40.0	—	—	—
16001〜17000	—	—	—	45.0	—	—	—
17001〜18000	—	—	55.0	—	—	—	—
18001〜19000	35.0	—	—	—	—	—	—
19001〜20000	—	—	45.0	—	—	—	—

表 2　学校規模別，生徒 1 人あたり教育費別の学校平均点の平均（中学校）

教育費 ＼ 学校規模	241人〜360	361〜480	481〜600	601〜900	901〜1200	1201〜1500	1501人以上
円　　円	点	点	点	点	点	点	点
7001〜 8000	35.0	—	—	45.0	—	45.0	40.0
8001〜 9000	35.0	35.0	—	45.0	45.0	35.0	51.3
9001〜10000	38.3	39.4	42.5	39.0	49.0	50.0	51.7
10001〜11000	36.8	39.8	39.0	42.7	47.5	50.7	52.0
11001〜12000	40.0	38.6	42.5	45.9	45.0	51.7	55.0
12001〜13000	39.7	43.3	43.0	45.0	51.7	45.0	45.0
13001〜14000	42.5	42.5	40.0	45.0	50.0	65.0	55.0
14001〜15000	37.7	41.7	45.0	—	—	—	45.0
15001〜16000	43.3	35.0	—	45.0	—	—	—
16001〜17000	35.0	40.0	—	—	—	—	55.0
17001〜18000	40.0	—	—	45.0	—	—	—
18001〜19000	45.5	—	—	—	55.0	—	—
19001〜20000	—	—	—	55.0	—	—	—

さらに、つぎの文章がつづく。

「(児童・生徒一人当り消費的支出が低額でも成績のよい学校、高額でも悪い学校があることに触れて――引用者注)もともと、教育費は直接学力に影響を与えるものではなく、それが教育条件の整備のために効果的に使用されたときにはじめて学力と関係をもつものである。(中略)それにもかかわらず、前掲表でみたように、全般的な傾向として教育費が増加するにつれて学力が向上するという事実は、教育費を多くかけることが、学力の向上にとって無駄でないことを示唆するものである。」(文部省、一九五七、二五四頁)

別の論文で詳しく分析したように、この当時、都道府県間には未だ著しい教育費の格差が存在していた(苅谷、二〇〇六)。地域の財政力と密接に関係した格差である。その格差が、これらの表に示すように、義務教育段階での学力の差異に影響を及ぼしていることが示されたのである。このように、教育費の格差を是正し、教育条件を整備することが、学力格差の是正にもつながるという認識が、全国学力調査を通じて示されていた。

報告書では、「学力と教員構成との関係」についても結果を報告している。これもまた当時の財政事情に左右された教育界の課題の一つであったが、正教員の資格をもたずに教壇に立つ教師が少なからずいた。「補助教諭」といった存在である。そこで、正教員=普通免許状所有者と学力の関係が分

表 3　教員の構成率と学校平均点との関係（中学校）

構成率＼点数階級	合計	10〜19点	20〜29	30〜39	40〜49	50〜59	60〜69	70〜79	平均点（A）	標準偏差（B）	変異係数 (B)/(A)×100
	校	校	校	校	校	校	校	校	点	点	%
合　計	537	1	38	207	233	54	3	1	—	—	—
10%以下	2	—	—	1	1	—	—	—	40.0	5.0	12.5
11〜20	—	—	—	—	—	—	—	—	—	—	—
21〜30	—	—	—	—	—	—	—	—	—	—	—
31〜40	8	—	—	5	3	—	—	—	38.8	4.8	12.4
41〜50	8	1	2	4	1	—	—	—	31.3	8.5	27.2
51〜60	16	—	4	8	4	—	—	—	35.0	7.1	20.3
61〜70	20	—	5	12	3	—	—	—	34.0	6.2	18.2
71〜80	37	—	6	24	6	1	—	—	35.5	6.6	18.6
81〜90	75	—	1	38	32	4	—	—	40.2	6.2	15.4
91〜99	89	—	6	25	37	20	1	—	43.3	9.4	21.7
100%	282	—	14	90	146	29	2	1	42.1	7.7	18.3

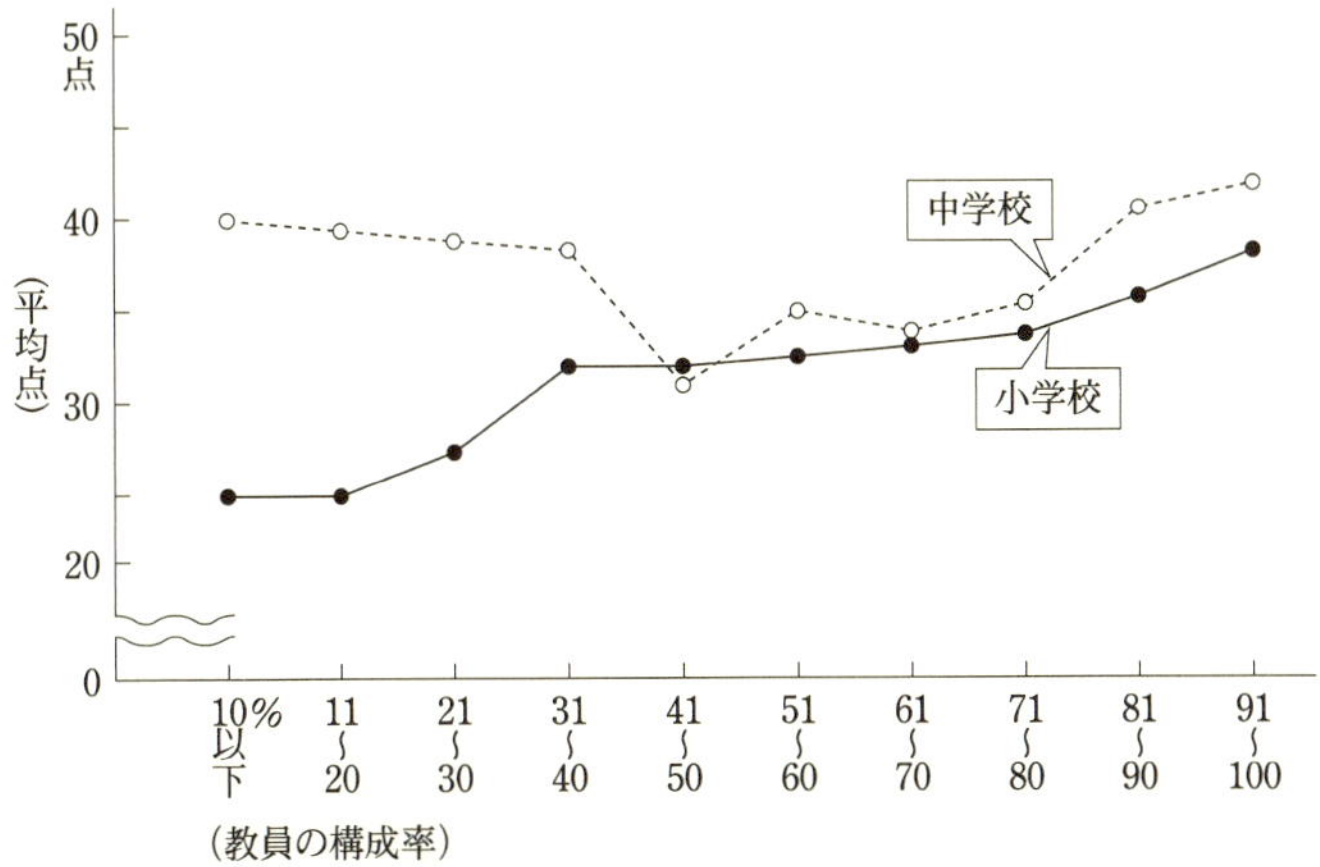

図 1　教員の構成率別の学校平均点の平均

析の対象となったのである。結果は、表3、図1に示すとおりである。

この結果について、報告書ではつぎのようにいう。

「これらの表と図によれば、教員の構成比すなわち、全教員中に占める普通免許状所有者の割合が大きくなるにしたがって、学力は向上していく傾向にある。ただし、これは全般的な傾向であって、両者の関係がひじょうに密接であるということではない。むしろ、両者の関係の度合は、相関係数、小学校＋.34、中学校＋.24が示すように、それほど深い関係にあるものではない。」（文部省、一九五七、二七〇―二七一頁）

けっして強い関係ではないが、教員構成の違いもまた、学力と関係していた。それもまた、条件整備の課題だったのである。

さらに、当時の教育条件整備の課題として重視されていたのが、へき地の教育である。へき地学校の学力について、報告書にはつぎのような結果が示されていた（表4、図2）。これらをもとに、報告書はつぎのようにいう。

「これらの表と図によって、まずへき地学校と全国平均とを比較すれば、小学校も中学校も、また国語・数学とも、全国平均に比べて、へき地学校の点数は、はるかに低くなっている。すなわち、へき地学校の小学校の国語三八点、算数二四点に対して、全国平均のそれは国語四二点、算数二八点となっている。中学

表 4　へき地の学校の平均点と全国平均点，山村地域との比較（小学校）

	国語・算数の平均	国　　語	算　　数
へ　き　地	30.8　点	38.1　点	23.5　点
全国平均	35.3	42.1	27.8
山村地域	31.9	—	—

へき地の学校の平均点と全国平均点，山村地域との比較（中学校）

	国語・数学の平均	国　　語	数　　学
へ　き　地	33.7　点	40.2　点	27.1　点
全国平均	40.8	45.2	36.2
山村地域	36.4	—	—

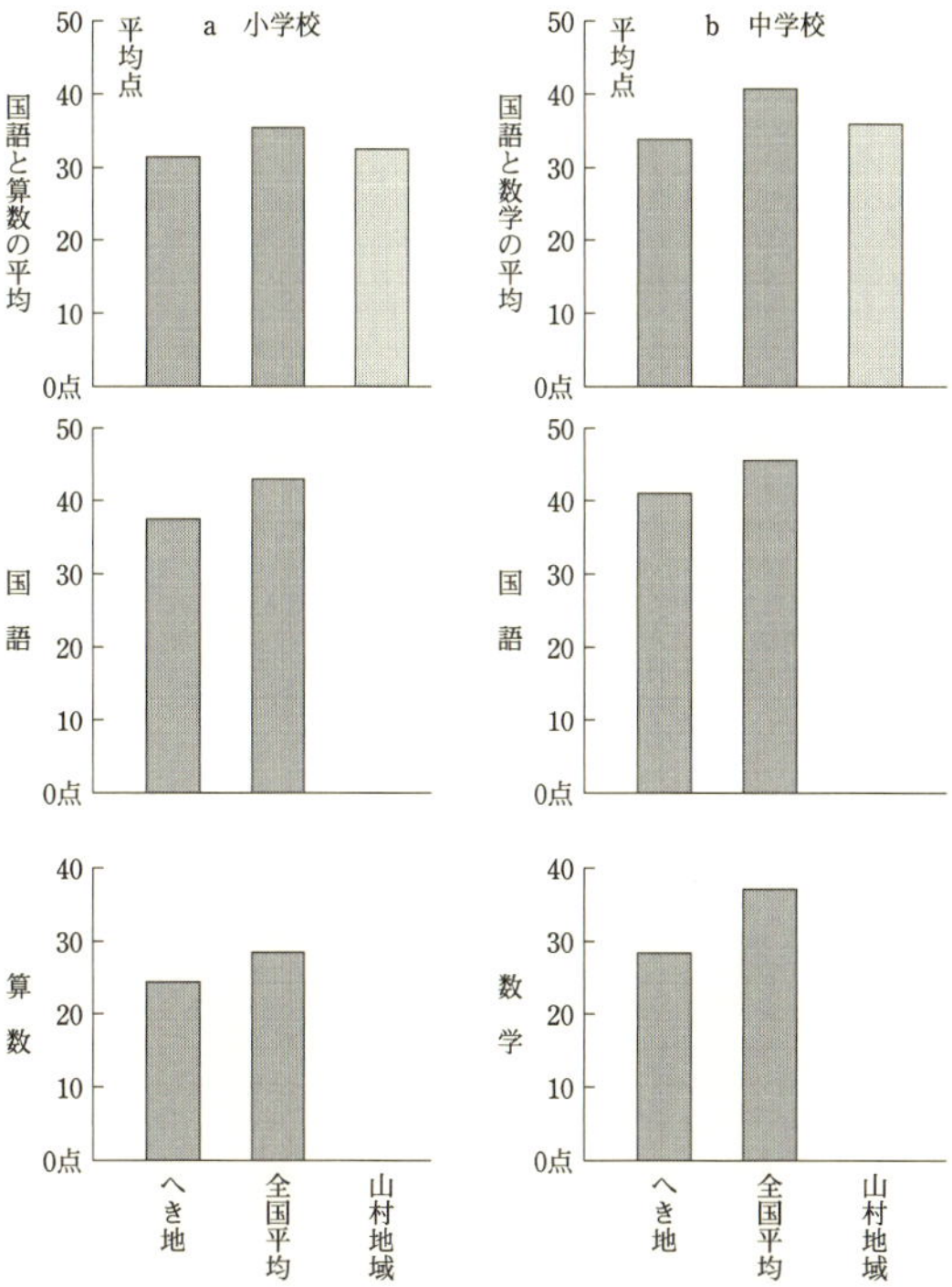

図 2　へき地学校の平均点と全国平均，山村地域との比較

校では、へき地の国語四〇点、数学二七点に対して、全国平均の国語は四五点、数学は三六点である。つぎに、へき地と山村地域とを対比すると、国語・数学の平均点において、山村地域の小学校三一・九点、中学校三六・四点に対して、へき地では小学校三〇・八点、中学校三三・七点となっている。この数字から明らかなように、へき地の平均的な学力は、地域類型の中では最低の成績に属している山村地域の学力よりも、さらに劣っていることがわかる。これは、へき地における劣悪な教育条件がもたらした結果である。もちろん、これはへき地学校の平均的な姿についていっているので、個々の学校の中には、すぐれた教師の異常な努力によって、他の劣悪な諸条件を克服して、かなり高い成績を示しているものもある。しかし、全体としてみれば、へき地の劣悪な教育条件が、学力にも影響していると見ることができるわけであって教育の機会均等の趣旨の実現のためにも、適切なへき地教育振興策の必要を痛感せられる。」(文部省、一九五七、二七七頁)

「へき地における劣悪な教育条件」が、こうした得点差を生み出している。そうした事実を示した上で、「教育の機会均等の趣旨の実現のためにも、適切なへき地教育振興策の必要を痛感せられる」と締めくくっているのである。調査のねらいに示されたとおり、分析においても、そこから得られる政策課題についても、教育格差への視線は明確である。

それでは、抽出調査ではなく悉皆による全国学力調査が行われた最初の結果報告においては、どのような分析が行われていたのだろうか。先に引用した天城氏の序文でも紹介されていたように、『全国中学校学力調査報告書昭和三六年度』（文部省、一九六三）では、第II部調査の結果のうち、六〇頁近くを費やして、「都道府県間のひらき」「学校間のひらき」「生徒間のひらき」「へき地の学力」「学力差の分析」といった学力格差に関連するテーマについて、詳細な分析が行われている。ここでは、「C学力差の分析」の章を中心に、分析結果を見てみよう。

この章では、「家庭の経済的条件と学力」という節を立て、「育英の拡充・強化をはかる等教育施策の資料を得るため」の分析を行っている。具体的には、中学校三年生を家庭の経済的条件によって、「全日制高校への進学が支障のない者」と「進学が困難な者」に分類し、「さらに進学が困難な者を要保護・準要保護家庭とその他の生徒に二分」して分析している。

これらの分類による生徒の比率は、つぎの表5に示すとおりであった。つまり、一九六一年の時点で、およそ二割の中学生が経済的な理由で高校への進学に支障がある家庭に属していたのであり、さらに、六％（一五人に一人の割合）が要保護・準要保護の家庭の子どもだったのである。テストの結果は、図3に示すとおりである。平均点で見るとおよそ一五点の差がある。得点の分布も大きく下の方に偏っており、高校進学が可能な家庭の生徒と比べるとその形状が大きく異なることがわかる。

これらの結果をもとに、報告書はつぎのような説明を行っている。

「このように経済的条件が比較的悪いとみられる生徒の学力は、相対的に低くなっているがこれは必ずしも

表5　家庭の経済的条件別の生徒の平均点

全日制高校へ進むに支障のない見込	全日制高校へ進むことが困難の見込			
	要保護・準要保護	その他	小計	計
%	%	%	%	%
79.8	6.4	13.8	20.2	100.0

全日制高校へ進むに支障のない見込	全日制高校へ進むことが困難の見込	
	要保護・準要保護	その他
点	点	点
59.8	45.8	44.6

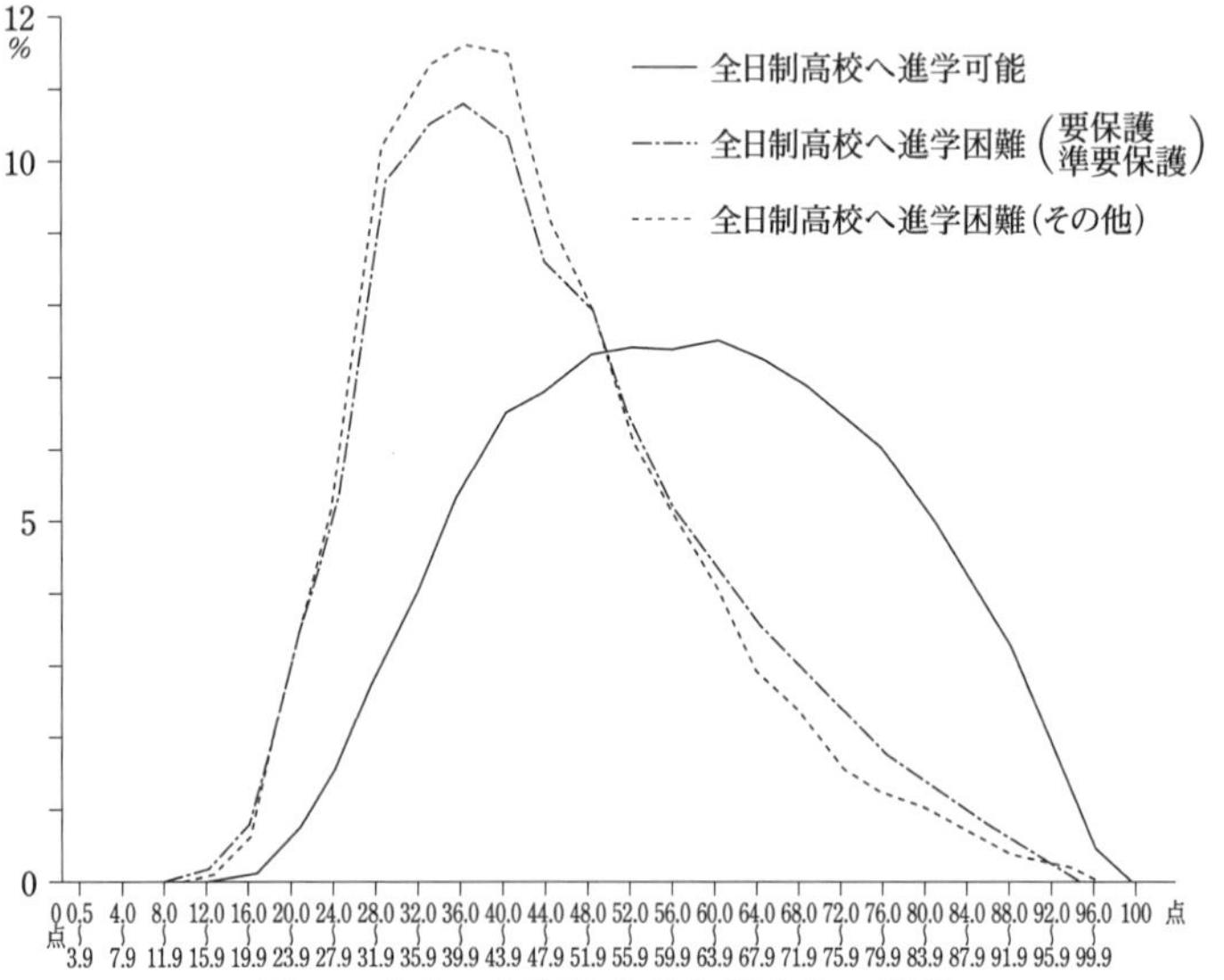

図3　家庭の経済的条件と学力との関係

表 6　平均点数別にみた都道府県の分布

点数階級	第2学年					第3学年				
	国語	社会	数学	理科	英語	国語	社会	数学	理科	英語
点　　点	県	県	県	県	県	県	県	県	県	県
72.0～73.9	—	—	1	—	5	—	—	—	—	—
70.0～71.9	—	—	1	—	7	—	—	—	—	3
68.0～69.9	—	—	3	—	7	1	—	—	—	6
66.0～67.9	—	—	7	—	9	1	—	—	—	10
64.0～65.9	1	—	6	1	3	1	—	2	—	5
62.0～63.9	1	—	8	2	9	6	—	5	—	9
60.0～61.9	2	—	3	8	1	10	1	4	—	7
58.0～59.9	5	—	7	3	1	8	3	8	3	1
56.0～57.9	7	3	6	10	1	5	7	3	5	1
54.0～55.9	11	4	1	7	3	8	6	6	7	1
52.0～53.9	4	8	1	10	—	5	7	3	7	2
50.0～51.9	7	3	2	2	—	—	7	7	8	1
48.0～49.9	5	11	—	2	—	—	10	4	8	—
46.0～47.9	2	6	—	1	—	1	2	1	5	—
44.0～45.9	1	5	—	—	—	—	2	2	1	—
42.0～43.9	—	3	—	—	—	—	1	1	2	—
40.0～41.9	—	2	—	—	—	—	—	—	—	—
38.0～39.9	—	1	—	—	—	—	—	—	—	—
計	46	46	46	46	46	46	46	46	46	46

都道府県別にみた平均点の最高と最低のひらき

	国語	社会	数学	理科	英語
第2学年	20点	18点	22点	18点	18点
第3学年	22	18	22	16	20

それらの家庭の生徒の知的能力が低いのではなく、前項の教育条件と学力の関係の分析によってもみられるように、その地域社会の特に各生徒の家庭の教育的諸条件の影響を強く受けていることが充分考えられる。」（文部省、一九六三、八一頁）

さらに、報告書では、得点段階ごとの生徒の分布を示し（図3）、経済的に困難な家庭の生徒の中にも、高い得点を挙げている生徒が少なくないことを指摘した上で、つぎのように言う。

「これらの結果からも高い学力

をもちながらもこの家庭の経済的条件が悪いために高等学校へ進学できない者が相当いることがわかる。」（文部省、一九六三、八三頁）

ここにも明確に示されているのは、教育の格差を問題と見なす鋭い視線である。

さらに、抽出調査の報告とは異なる分析も行われている。都道府県間の教育条件の差異と学力との関係を見ようとする分析である。全国一斉悉皆の学力調査の報告書では、都道府県名をのせることなく、次の表6が掲載されている。悉皆調査によってはじめて都道府県別の学力の実態を正確に捉えることができたと指摘した後で、つぎのような説明がつづく。

「結果を見ると、もっとも平均点の高い都道府県と、低い都道府県とでは、最低16点以上の差があり、都道府県間の学力のひらきはかなり大きく、この差は後述の地域類型別の学力差よりも大きくなっている。（中略）義務教育の最終段階である中学校において、都道府県間にこのような学力差があることは望ましい姿ではない。この差は、一応は各都道府県の経済力、文化度等に相当のひらきがあることにもよると考えられる。」（文部省、一九六三、三〇頁）

このように、一九六〇年代初頭には、教育条件の差異を反映するものとして、都道府県間の学力格差が問題にされていた。ただし、国、県、市町村、私費を合計した公教育費総額（一学級あたり）と、学力テストの結果との間には明確な関係がないことも、同じ報告書が指摘している。したがって、都道府県の学力差が、教育費の格差によって直接もたらされたものかどうかは、この報告書からはわからない。それでも、市町村負担分の教育費や、保護者が支出する私費による教育費と学力との間には明確な相関関係があることも示されており、さらには、地域類型（都市部か、農村部かなど）と学力との関係もはっきり出ている。それゆえ、この地域類型別の学力差よりも都道府県間の格差の方が大きかったという先の指摘は、六〇年代初頭までの日本の教育において、依然として地域間の教育格差が無視できない大きな問題であると認識されていたことのひとつの証拠といえる。

しかも、この報告書では、先に見たように、家庭の経済的条件と学力の関係、学校の設備や教員の数や資格と学力との関係についても分析が行われていた。とくに家庭の経済的な条件によって生徒間に大きな学力差があることが示されている。

調査のねらいにも明記されていたように、「教育の機会均等の実質的な確保」をめざす上で、地域間の大きな学力差は、「望ましい姿ではない」と当時の行政担当者に認識されていた。そこには、家庭の経済条件の差異も、地域の「経済力、文化度等のひらき」も反映していると考えられたのだろう。こうした状態を、いかに改善するか。それが、教育の機会均等を「実質的に確保」するためのめざすべき目標と見定められていたのである。

以上に見たように、抽出調査であれ、悉皆調査であれ、全国学力調査を通じて、教育条件の不備や、その格差の影響を受けた学力の差異が把握されていた。これらは主に教育財政や人的資源の格差に基づく差異であった。学力の格差は、教育条件の地域間格差という文脈に位置づけて理解されていたのである。

一九五〇〜六〇年代の報告書のこうした詳細な分析と比べると、平成一九年度に実施された全国学力・学習状況調査の報告書の特異性が際立ってくる。小学校分だけで一四六頁、中学校分では一九一頁に及ぶ報告書のどこを見ても、これだけ詳細に「全国的な義務教育の機会均等とその水準の維持向上の観点から、各地域における児童生徒の学力・学習状況を把握・分析すること」(平成一九年度の調査のねらい)はほとんど行われていない。なるほど、学校ごとの「就学援助を受けている児童(生徒)比率」による平均点の比較は行われている。あるいは、「朝食を毎日食べてくる」かどうかによって、平均正答率に差があることも示されている。しかし、これらはいずれもデータが示されるだけで、それに対するコメントも分析結果をふまえた考察もまったく書かれていない。

この報告書以後、調査実施から本章執筆時点(二〇〇八年八月)ですでに一年四ヵ月が経過したが、それ以上の分析を加えた第二次報告書は出ていない。この一六ヵ月という時間は、昭和三六年一〇月に実施された悉皆による全国学力調査の報告書が刊行された昭和三八年二月までの期間と奇しくも同じである。コンピュータのない時代に詳細な分析を行った報告書が出るまでと同じ時間をかけても、政策絡みの詳細な報告書が出ない。もちろん、各都道府県の「検証委員会」に任されているという「地方分権時代」だという弁明も可能なのだろうが、国としての役割が十分果たされているのかどうかについては、それを調査の目的に掲げている以上、疑問が残るのは当然である。

一体この沈黙は、何を意味するのだろうか。そこには、二〇〇〇年代の「学力テストの時代」の特徴が潜んでいるに違いない。コンピュータのない時代に実施された昭和三六年度の学力調査報告書が調査実施から一六ヵ月後に先に見たような分析結果を報告していることと比べれば、そこに何らかの意図を感じざるを得ない。しかし、その意図がいかなるものかの考察を行う前に、四〇年前の学力調査反対派の主張についても耳を傾けておこう。学力調査の忌避がその後日本の教育をどのように導くことになったかを知る上で、反対派の主張の論理を見ておくことが重要な意味をもつと考えるからである。反対派の主張の特徴を捉え、さらには学力調査データを用いた再分析を行った上で、それらの知見をふまえながら、本章の結論部分で、「沈黙の意味」について考察を加える。

学テ反対の主張

第一回目の悉皆による全国学力調査が行われた一九六一(昭和三六)年一〇月、調査実施の一週間前に発行された時事通信社発行の『内外教育版』では、「実施、反対の問題点をつく」と題する特集を組んだ。実施側としては、文部省初中局長内藤誉三郎氏、反対派としては日教組副委員長の鈴木力氏の双方に、「公開質問状」として質問をぶつけ、その回答を掲載している。ここでは、鈴木氏の回答から、学力テスト反対派の主張を取り出すことにしてみよう。まずは、悉皆による調査をどのようなものと見なしていたかについての見解である。

「そもそもこの調査は、経済成長に見合った労働力の配分を行うために経済企画庁の要求にもとづいて計画され、人材開発テストと称して文部省調査局が担当し、企画に当たったのが始まりである。その後、「人材開発テスト」という名が非教育的であるという批判を受け、世論の反対をおそれて「学習指導の改善」、「教育条件整備の資料とする」などと、もっともらしい教育目的を掲げて初中局担当にかわったものである。このいきさつは周知の事実である。したがって、この調査の目的の一つは、経済政策上の労働力配置のための、生徒のふるい分けの資料とすることであることは十分推察できるのである。」(『内外教育版』昭和三六年一〇月二〇日一二八九号、一〇頁)

ここに示されているように、日教組に代表される反対派は、文部省が掲げた全国学力調査の目的は、調査の真のねらいを示したものではないという見解をとっていた。本当のねらいは、「経済政策上の労働力配置のための、生徒のふるい分けの資料」にすることだというのである。そのことを明確に示しているのが、つぎの言葉である。

「文部省が、この調査の結果を将来の就職・進学コースにフルイわけし、差別教育の資料としている(文部省側は一おう否定しているが、調査に関しての秘密指示の中に、経済的見地から進学の可能性の調査を命じていることや、この記録にこだわっていることなどで、その意図は明らかである)ことについては、絶

対許することができない。」（『内外教育版』昭和三六年一〇月二〇日一二八九号、一一頁）

ここには、「差別選別教育」を助長する「テスト体制」だという、学力テストをめぐって示される典型的な見解が示されている。それが調査の本当のねらいであり、教育条件の整備のための資料に使うというのは、「もっともらしし」さを装ったものに過ぎないというのである。教育条件の整備についてはつぎのようにいう。

「また教育条件整備の資料を得るというが、教育条件整備のための資料は、いまさら一せい学力調査などによって求めるまでもなく、あるのである。何をどうしなければならないかは教育学者も指摘しているところであり、昭和三十一年度から実施している抽出テストの結果も出ているはずである。とすれば、文部省は整備改善の仕事をなまけているということであって、今回の調査の目的としてかかげているのは意図的なゴマカシにすぎない。」（『内外教育版』昭和三六年一〇月二〇日一二八九号、一〇頁）

ここではより激しい言葉で、「意図的なゴマカシにすぎない」と断定している。政府内部でも、財政当局との間で教育費の獲得が容易ではない時代であったことを考えると、このような批判がどれだけ的を射ていたのかについては、その後、実際に実現されていく政策を見なければならない（注3）。それでも、ここから明らかになるのは、学力テスト反対派の主張も、教育条件の改善が必要なことは認めており、ただ、そのことがこうした調査によらずとも可能になると見ていたこと、また、それ以上に、学力調査の実施には、表向きとは異なる目的が込められているという見方をとっていたことである。

そのような「隠された意図」と反対派が見ていたのは、当時の教育界でもう一つの重大な政治的争点であった、教員の勤務評定との結びつきである。全国学力調査に批判的な教育学者が実施した、香川・愛媛「文部省学力調査問題」学術調査報告書には、学力調査の問題点として、テストのための過度な準備教育が行政主導で行われていること、「テスト教育体制」を作り出していることなどの指摘と並べて、つぎのように勤務評定問題との関係を批判している。

「第四は、学力テストが教師の勤務評定と結びついて、教育を「荒廃」させる原因となっている、とみられることである。勤務評定をよくするには学力調査の成績をあげなければならぬ、とされ、そのために不正な手段すら執られている事例が多く語られた。ひとことでいって、教師の人権の剝奪が、教師の権威の喪失、子どもの正義感の破壊に連なっていると見られることを深く考えざるをえない。」(香川・愛媛「文部省学力調査問題」学術調査報告書、香川・愛媛「文部省学力調査問題」学術調査、一九六四年、『学テ白書運動のまとめ』日本教職員組合発行、一九六四年、九六頁より)

文部省対日教組のイデオロギー的・政治的な対立を背景に、教員の勤務評定の強行実施が政治問題化している時代に、悉皆による全国学力調査の結果が、教員評価に結びつくという見解が、反対運動をより強固なものとしていたのである。

このような主張を見ると、全国学力テストを問題と見なし批判する見解が、現在のそれと大きく変わっていないことが明らかとなる。全国一斉の学力テストは競争と序列化をもたらす。しかも、そこで評価されるのは、ペーパーテストの学力やその得点だけで、本当の教育がめざすべき人間性には目が向けられていない。点数主義や競争主義、序列化といったおなじみの学力テスト批判の構図は、この時以来のものといえるだろう。しかも、テストの結果は教員への評価に結びつく危険があり、それは国家による教育統制を強めるという。

だが、着目すべきは、これらの批判には、格差問題への言及がほとんど見られないことである。テストを実施する側には、先に見たように「学校間、地域間の隔差」を是正し、「教育の機会均等の実質的な確保」を図るという政策課題と関連づけようとする意図が含まれていた。このような政策目標は、現在言うところの「格差」問題への対処のしかたを探る試みであったということができる。そうだとすれば、財政的にも、経済的にも恵まれない地域を抱える地方にとっては、教育条件を改善するための「基礎資料」として歓迎されてもよさそうである。さらには、平等という価値を標榜する進歩派の教育学者や教員組合にとっても、歴然と存在していた地域間の教育条件の格差を是正するという目的自体は共有されてもよさそうである。

ところが、学力テスト反対派の主張には、それを認めようとする「妥協」は示されていなかった。国家主導の教育政策の一環を担うものとして、全国学力調査は全否定されるべき対象であり、調査のねらいに格差問題への言及が示されていても、それは、「意図的なゴマカシにすぎない」。むしろ、資本主義体制に従順な「人材開発」や生徒のふるい分け、さらには、教員の勤務評定に使おうというところに、この調査の本音があると見なし批判をした。教育条件の整備のための基礎資料に、という部分だけを取り出して肯定的に評価するという態度をとるには至らなかったのである。

このような強烈な学力テスト反対論は、テストの実施に当たってもさまざまな混乱を学校現場にもたらした。調査実施を阻む、「実力行使」も行われた。こうしたことへの配慮もあってか、学力調査の実施は一九六五年を最後に、見送られることになった。一九八二年に控えめな形で、教育課程実施状況調査が一度実施されたが、そのときには、正式の報告書も出ないまま、簡単な報告が行われるにとどまった(注4)。そして、その後は、学力データを欠いたまま、教育政策＝教育改革が進行するという事態を迎えるのである。「将来何年か後にこの種の調査をくりかえし実施し、それによって学力の向上、低下の問題を究明することが可能」となるはずの基礎的情報を欠いた「学力テスト忌避の時代」が続くのである。全国学力テストに反対してきた勢力にとっては、まさに運動の勝利を意味したこうした事態は、別の面から見れば、全国的な教育政策の評価も、学力の変化やその分布の変化もとらえられないまま、楽観的な見込みや印象論に基づいて、教育改革のメニューが決められる、そういう事態を生むことへとつながった。現在にも尾を引く、学力調査への忌避感を根付かせたという意味で、学力テスト反対派の動きは、日本の教育にさまざまな影響を残したと言ってよいだろう。この点については、本章の結論部分で再論する。

3　再分析――都道府県を単位とした〈学力〉格差とその変化

先に述べたように、文部省の正式の報告書には、六〇年代に実施された全国学力調査の都道府県別の結果は報告されていない。無意味な競争を巻き起こさないようにという配慮の結果である。しかし、当時のマスコミは、各都道府県教育委員会への独自の情報収集を通じて、県別の平均得点についての情報をつかんでいた。筆者はそれらが報告されている文書を見つけた。『内外教育版』昭和三八年、一四二一号に掲載された記事である。

基本的な分析

はじめに全体の概観をつかむために、基礎統計について一九六〇年代調査と二〇〇七年調査の結果を比べてみよう。表7は、最低点（最低正答率）、最高点（最高正答率）、平均点（平均正答率）、最高点と最低点の差、標準偏差、変動係数（標準偏差を平均で割った値）を示したものである。

テストによって平均点が異なるので、ここでは都道府県間の得点の散らばり（格差）を比較するために、標準偏差を平均点（平均正答率）で割った変動係数の値を比べる。すると、一九六〇年代の調査のほうが、おしなべて変動係数の値が大きい。二〇〇七年調査では、応用的なB問題のほうが知識を問うA問題よりも変動係数の値が大きくなる傾向があるが、それでも六〇年代に比べれば、B問題

表 7　基本統計量

	度数	最小値	最大値	平均値	最大値と最小値の差	標準偏差	変動係数
61年中2国語	46	44.8	64.6	54.407	19.800	4.285	0.079
61年中2数学	46	50.7	72.1	62.204	21.400	5.129	0.082
61年中3国語	46	47.6	66.7	58.502	19.100	3.905	0.067
61年中3数学	46	43.9	65.5	55.589	21.600	5.602	0.101
62年小5国語	46	48.0	63.6	55.183	15.600	3.647	0.066
62年小5算数	46	44.0	60.4	53.196	16.400	4.409	0.083
62年小6国語	46	52.8	67.2	60.435	14.400	3.440	0.057
62年小6算数	46	37.2	56.0	47.917	18.800	4.730	0.099
62年中2国語	46	55.0	69.0	61.157	14.000	3.465	0.057
62年中2数学	46	30.0	48.8	39.048	18.800	4.690	0.120
62年中3国語	46	50.8	65.5	57.511	14.700	3.942	0.069
62年中3数学	46	31.3	49.8	40.198	18.500	4.816	0.120
63年中2国語	46	47.8	61.0	53.761	13.200	3.532	0.066
63年中2数学	46	31.8	52.5	40.454	20.700	4.848	0.120
63年中2合計	46	215.7	298.3	250.330	82.600	19.651	0.078
63年中3国語	46	49.5	62.5	55.441	13.000	3.262	0.059
63年中3数学	46	35.0	55.0	43.657	20.000	4.942	0.113
63年中3合計	46	210.9	288.3	245.574	77.400	19.287	0.079
07年小国語A	47	76.7	86.1	81.953	9.400	1.658	0.020
07年小国語B	47	53.0	69.0	62.234	16.000	3.066	0.049
07年小算数A	47	76.3	88.4	82.521	12.100	2.177	0.026
07年小算数B	47	54.3	68.6	63.236	14.300	2.414	0.038
07年中国語A	47	74.3	85.7	82.083	11.400	1.829	0.022
07年中国語B	47	64.0	77.0	72.234	13.000	2.972	0.041
07年中数学A	47	57.2	80.3	72.472	23.100	3.656	0.050
07年中数学B	47	47.6	67.6	60.836	20.000	3.468	0.057

表 8　小学校学力テスト1962年と2007年の相関係数

	07年小6 国語B	07年小6 算数A	07年小6 算数B	62年小6 国語	62年小6 算数
07年小6国語A	.907**	.890**	.875**	−0.052	−0.017
07年小6国語B		.793**	.896**	0.191	0.184
07年小6算数A			.900**	0.044	0.107
07年小6算数B				.300*	.323*
62年小6国語					.905**

＊＊.相関係数は1％水準で有意（両側）
＊.相関係数は5％水準で有意（両側）

でもその変動係数の値は小さい。つまり、六〇年代のほうが、都道府県間での学力テストの結果の散らばりが大きかったと言うことである。六〇年代においては、地域間の学力格差が政策課題になっていた。そして、その実態を捉えることが全国学力調査のねらいの一つであった。その結果を反映して、六〇年代の学力調査は、都道府県間に比較的大きな学力格差があることを確認していたのである。

それでは、一九六〇年代の結果と二〇〇七年の結果との間には、どのような関係があるのだろうか。はじめに、両者の相関係数（ピアソンの積率相関係数）を計算した。小学校について示したのが、表8である。この結果を見ると、一九六〇年代の各調査間の相関係数、および、二〇〇七年調査の各項目間の相関係数は比較的高い値を示していることがわかる。つまり、六〇年代を通じて、得点の高い都道府県、低い都道府県の間には一貫性があったということである。同様に、二〇〇七年調査においても、科目間やA問題とB問題の間で、やはり正答率の高い都道府県と低い都道府県との間に一定程度の傾向が見られた。

ところが、一九六〇年代の結果と、二〇〇七年の結果との間の相関係数は、それらに比べかなり小さな値になっている。それほど大きな値ではないが、〇七年の算数B問題は六〇年代の算数、国語の成績と正の有意な相関関係を示すものがある一方、国語A問題のように、有意とはいえないものの、負の相関を示すものもある。この結果は、四十数年間を隔てて、都道府県間での学力の高低の関係が大きく変わったことを示している。かつて学力テストで高い得点をあげた県が現在でも高い正答率を上げているといった関係が見られないのである。

表9　中学校学力テスト1961，62，63年と2007年の相関係数

A	07年中3国語B	07年中3数学A	07年中3数学B	61年中3国語	61年中3数学	62年中3国語	62年中3数学	63年中3国語	63年中3数学
07年中3国語A	.901**	.864**	.905**	−0.044	0.15	−0.046	0.135	0.04	0.146
07年中3国語B		.754**	.895**	−0.068	0.097	−0.059	0.094	0.024	0.098
07年中3数学A			.934**	0.282	.488**	0.228	.472**	0.263	.456**
07年中3数学B				0.188	.368*	0.16	.361*	0.222	.353*
61年中3国語					.908**	.946**	.897**	.911**	.901**
61年中3数学						.908**	.980**	.887**	.960**
62年中3国語							.912**	.968**	.918**
62年中3数学								.896**	.984**
63年中3国語									.927**

＊＊.相関係数は１％水準で有意（両側）
＊.相関係数は５％水準で有意（両側）

同様に、中学三年生の結果を示したのが表9である。ここでも、小学生の場合と同じように、一九六〇年代での教科間、年度間の相関係数は高い値を示し、二〇〇七年のテスト間の相関係数も大きい。それに比べ、一九六〇年代の結果と〇七年の結果との間の相関関係は弱い。ただし、〇七年の数学A問題の場合、正の有意な値を示すものもある。それでも、小学校の場合と同様に、四十数年を隔てて、都道府県の間の学力テストの結果には、強い一貫性が見られないのである。

ここではデータは省略するが、スピラマンの順位相関係数を計算しても、ほぼ同様の結果が得られた。つまり、都道府県間の学力テストの「ランキング」にも四十数年を経て大きな変化があったということである。六〇年代の学力テスト上位県が、二一世紀にはいっても上位に留まるということがなかったのである。

相関係数の計算という単純な分析から得られた結果ではあるが、この知見は、六〇年代の調査報告書やここでの分析を含め、六〇年代には大きな都道府県間の学力格差があったという知見と併せると重要な意味をもってくる。得点間の相関関係で見ても、都道府県のランキングで見ても、〇七年との間に一貫した結果が見られなくなったということは、かつて存在した都道府県間の学力格差が大きく変化したことを示唆するからである。その変化が、格差の縮小であったのかどうか。それについては、次のセクションで、社会経済的指標を加えた分析を通じて明らかにすることにしよう。

都道府県格差の分析

先に引用した、一九六一年度の全国中学校学力調査の報告書では、都道府県間に大きな得点差があることを確認した上で、「この差は、一応は各都道府県の経済力、文化度等に相当のひらきがあることにもよると考えられる」という解釈をあげていた。しかし、この報告書では都道府県間の経済力や、文化度などを示す要因との関係は示されてはいなかった。そこで、ここでは、一九六〇年代の調査結果を用いて、都道府県の社会・経済的要因や教育条件と、学力差とがどのような関係をもっていたのかを再分析する。あわせて、二〇〇七年調査にも同様の分析を行うことで、四十数年間の変化についても明らかにする。

ここで注目するのは、各都道府県の社会・経済的要因を示す指標として、一人あたりの県民所得(一九六一年のデータを使用――豊かさの指標)、一〇〇〇人あたり生活保護世帯人員(一九六二年のデータを使用――貧困を示す指標)、さらに教育条件を示す指標としては、児童生徒一人あたり教育費(いずれも一九六〇年の公立学校への消費的支出)を用いる。なお、社会・経済的要因を示す指標としては、県別の職業構成や学歴構成、さらには県の財政力指数といった変数を投入することも可能だが、これらの指標はここで用いる一人あたり県民所得との間に強い相関関係があり、多重共線性の問題を避けるために、ここでは一人あたり県民所得を用いることにした。したがって、一人あたり県民所得という経済的指標によって代表させることになるが、そこには、それぞれの県の「文化度」もある程度反映していると見ることができる。このような点に留意しながら、県ごとの平均得点を従属変数とした重回帰分析の結果を見ていくことにしよう。

表10は、小学校六年生の結果を示したものである。ここでは、説明変数の単位がそれぞれ異なるので、標準化回帰係数の値を見ることにした。結果を見ると、算数でも国語でも、一人あたり県民所得の影響力が大きいことがわかる。標準化回帰係数の値は、〇・四〜〇・五を示し、豊かな都道府県ほどこれらのテストでの平均得点が高かったことが確認できる。また、生活保護率（人口一〇〇〇人あたり生活保護世帯人員）は、一人あたり県民所得ほどではないが、有意な、しかも負の影響を及ぼしていた。それにくらべ、児童一人あたり教育費の影響は小さく、統計的にも有意ではない。

同様の結果が中学校三年生の分析からも確認できる（表11）。中学生の学力テストの結果もまた、一人あたり県民所得、一〇〇〇人あたり生活保護率の影響を受けていた。

一九六〇年代には、都道府県間の学力格差が大きいことを確認したが、その格差は、都道府県間の社会経済的な格差と関係していたことが明らかとなったのである。豊かな県ほど学力テストの得点が高い傾向があり、さらには貧困家庭の多い県ほど得点が低い傾向が見られた。それに対し、教育条件

表10　重回帰分析　1962年小６学力

	1962年小６算数		1962年小６国語	
	標準化係数	有意確率	標準化係数	有意確率
人口千人あたり生活保護率(1)	−0.361	0.006	−0.278	0.013
一人あたり県民所得(2)	0.406	0.005	0.508	0.000
児童一人あたり教育費（消費的）(3)	0.067	0.612	0.188	0.105

注：(1)生活保護率は1962年，(2)県民所得は1961年，(3)教育費は1960年のデータを使用

表11　重回帰分析　1961年中３学力

	1961年中３数学		1961年中３国語	
	標準化係数	有意確率	標準化係数	有意確率
人口千人あたり生活保護率(1)	−0.320	0.014	−0.320	0.014
一人あたり県民所得(2)	0.486	0.001	0.486	0.001
生徒一人あたり教育費（消費的）(3)	−0.117	0.346	−0.117	0.346

注：(1)生活保護率は1962年，(2)県民所得は1961年，(3)教育費は1960年のデータを使用

を示す児童生徒一人あたり教育費の影響はそれほど大きくはなかった。

ただし、ここで留意しなければならないのは、他の要因を統制した場合の教育費の独立の影響がなかったからといって、そのことからただちに、教育条件の差異が学力に全く影響を及ぼしていないという結論を下すわけにはいかないという点である。しかも、二変数間の相関係数を計算すると、児童一人あたり教育費（一九六〇年）と一九六二年の小学校六年生の算数の得点とでは、〇・三二八、国語との間には〇・四七九の相関係数の値が得られた。また、一九六〇年代においては、一人あたり県民所得と児童一人あたり教育費との相関も〇・四五九と比較的強く、

しかも正の相関関係を示していた。つまり、より豊かな都道府県ほど、小学生一人あたりにかける公教育費の額が大きかったのである。都道府県の経済的条件の差異は、教育条件の差異と重なり合っていたのである。

それでは、このような都道府県間の学力格差とそれに影響を及ぼす要因との関係は、二〇〇七年になるとどのように変わったのだろうか。つぎに、二〇〇七年全国学力調査のデータを用いた再分析を行う。

はじめに、先ほどと同様の変数を用いた小学校六年生の結果を表12によってみよう。六〇年代とは異なり、一人あたり県民所得の影響が相当小さくなっている。算数A問題では一%水準で有意な結果だが、標準化回帰係数の値は六〇年代に比べるとかなり小さくなっている。それ以外の問題では、有意でさえない。ところが、一〇〇〇人あたり生活保護率の標準化回帰係数を見ると、いずれの科目・問題でも大きな値を示す。しかもその値は六〇年代に比べても若干大きくなっている。

このような傾向は、中学三年生について同様の分析を行った表13でも同じように確認できる。中学生の場合、一人あたり県民所得はどの科目、どの問題でも有意な影響を示さない。それに対し、一〇〇〇人あたり生活保護率は、六〇年代に比べ、より強い影響を示している。また、一人あたり教育費も有意な結果を示すことはなかった(注5)。

これらの結果は、一人あたり県民所得といった豊かさの指標の影響が小さくなり、代わって、生活保護率のマイナスの影響が強くなっていることを共通して示している。つまり、県の豊かさが学力の

表12　重回帰分析　2007年小６学力

	2007年小6算数A		2007年小6算数B		2007年小6国語A		2007年小6国語B	
	標準化係数	有意確率	標準化係数	有意確率	標準化係数	有意確率	標準化係数	有意確率
人口千人あたり生活保護率(1)	−0.357	0.014	−0.387	0.009	−0.442	0.003	−0.454	0.002
一人あたり県民所得(2)	0.030	0.001	0.240	0.089	−0.009	0.949	0.212	0.121
児童一人あたり教育費（消費的）(3)	0.291	0.346	0.246	0.094	0.342	0.021	0.284	0.048

注：(1)生活保護率は2006年，(2)県民所得は2005年，(3)教育費は2005年のデータを使用

表13　重回帰分析　2007年中３学力

	2007年中3数学A		2007年中3数学B		2007年中3国語A		2007年中3国語B	
	標準化係数	有意確率	標準化係数	有意確率	標準化係数	有意確率	標準化係数	有意確率
人口千人あたり生活保護率(1)	−0.372	0.019	−0.503	0.001	−0.546	0.000	−0.612	0.000
一人あたり県民所得(2)	0.159	0.251	0.136	0.284	0.038	0.040	0.032	0.792
児童一人あたり教育費（消費的）(3)	−0.084	0.582	−0.085	0.543	0.063	0.219	−0.032	0.813

注：(1)生活保護率は2006年，(2)県民所得は2005年，(3)教育費は2005年のデータを使用

高さと結びつく度合いは弱くなったものの、貧困家庭の比率が高い場合には、正答率が低くなる傾向はかえって強くなっているということである。都道府県の平均的な豊かさより、貧しさの程度が高いという富の偏在（不平等度）が、都道府県間の学力格差を左右する要因として、重要度を増しているのである。

つぎに、二〇〇七年調査データのみを用いて、県内の学力格差を規定する要因についての分析を行う。六〇年代の調査では得られないが、二〇〇七年調査から得られる情報の一つに、各都道府県内での正答率の標準偏差がある。それぞれの県内での学力の散らばりを示す指標である。過去との比較はできないが、この指標を用いて、県内での学力格差（散らばりの大きさ）にどの

表14　都道府県内の正答率の標準偏差を従属変数とした回帰分析（2007年調査，小６）

	2007年小6算数A		2007年小6算数B		2007年小6国語A		2007年小6国語B	
	標準化係数	有意確率	標準化係数	有意確率	標準化係数	有意確率	標準化係数	有意確率
人口千人あたり生活保護率(1)	0.479	0.001	0.473	0.000	0.454	0.001	0.390	0.008
一人あたり県民所得(2)	0.268	0.040	0.323	0.001	0.212	0.109	0.174	0.211
児童一人あたり教育費（消費的）(3)	−0.390	0.005	−0.330	0.235	−0.414	0.004	−0.352	0.017

注：(1)生活保護率は2006年，(2)県民所得は2005年，(3)教育費は2005年のデータを使用

表15　都道府県内の正答率の標準偏差を従属変数とした回帰分析（2007年調査，中３）

	2007年中3数学A		2007年中3数学B		2007年中3国語A		2007年中3国語B	
	標準化係数	有意確率	標準化係数	有意確率	標準化係数	有意確率	標準化係数	有意確率
人口千人あたり生活保護率(1)	0.590	0.000	0.619	0.001	0.658	0.001	0.638	0.000
一人あたり県民所得(2)	0.190	0.144	0.414	0.015	0.256	0.772	0.221	0.074
児童一人あたり教育費（消費的）(3)	−0.098	0.494	−0.156	0.016	−0.167	0.666	−0.052	0.698

注：(1)生活保護率は2006年，(2)県民所得は2005年，(3)教育費は2005年のデータを使用

ような要因が影響を及ぼしているのかを、これまでと同様の変数を用いて分析するのである。

重回帰分析を行った小学六年生の結果は、表14の通りである。算数でも国語でも、さらにはA、B問題を問わず、一〇〇〇人あたり生活保護率がいずれの分析でも正の有意な値を示している。これは、貧しさの程度が高い県ほど、県内の学力格差が大きくなる傾向を示す結果である。また、算数の場合、一人あたり県民所得も正の有意な値を示す。つまり、豊かな県ほど、県内の学力の散らばりが大きくなるということである。さらには、算数のB問題を除き、児童一人あたり教育費は負の有意な値を示している。子ども一人あたり

に教育費をかけている県ほど、県内の学力の散らばりが小さくなる傾向があるということである。

つぎに、表15から中学三年生の結果を見よう。中学生の場合も、一〇〇〇人あたり生活保護率が、どの分析でも正の有意な値を示している。貧しい人々の比率が高いほど、地域内の学力の散らばりが大きくなるということである。また、数学B問題では、一人あたり県民所得が高いほど、さらには、生徒一人あたり教育費が少ないほど、学力の散らばりが大きくなる傾向が見られた。

小括

以上の分析から、一九六〇年代と二〇〇七年との間に、都道府県間の学力格差の状態に大きな変化が見られたこと、さらには、そこに影響を及ぼす要因にも変化が見られたことが明らかとなった。たしかに、一九六〇年代の学力調査データの再分析によって、地域の社会経済的な条件が、都道府県間の学力差を生み出す要因の一つであったことが確認できた。豊かな地域ほど、また貧しさの小さな地域ほど、学力テストの成績がよい、という傾向は明白であった。今回行った重回帰分析のような方法を用いなくても、そのような「常識」は、強く疑われることもなく、「この差は、一応は各都道府県の経済力、文化度等に相当のひらきがあることにもよると考えられる」という分析結果の解釈に持ち込まれたのだろう。

このような六〇年代の結果と比べると、二〇〇七年の全国学力調査データの再分析から得られる結果は、少なくとも都道府県間の学力格差という面で、四十数年の間に、日本の教育が大きく様変わりしたことを示している。都道府県間の学力格差は縮小した。しかも、かつての「成績上位県」と現在の正答率の高い県との間には、ほとんど一貫性がない。都道府県の経済的な豊かさが学力テストの正答率の高さと結びつく程度は、かなり弱まり、かわって、貧しい人々の比率が、負の影響を及ぼすことが鮮明になった。また、六〇年代との比較はできないが、貧しい人々の比率の高い地域ほど、県内の学力格差が大きくなることも明らかとなった。現在の時点では、都道府県間の格差より、都道府県内の格差のほうが問題であり、しかもそこには、「貧しさ」という負の要因が強く関係していることが明らかとなったのである。

たしかに、この四十数年間で、日本の経済力は高まり、公教育費の配分という面で見た教育条件の都道府県格差は大きく縮小した。そのことが、都道府県間の格差縮小に一定の寄与をなしたのだろう。しかし、かわって問題となったのが、貧しさと関係する県内の学力格差であり、その点については、新たな問題が突きつけられているといえるだろう。

4　結論——沈黙の意味

「地方財政の自主性の欠如と地方間の財政収入の不均衡が教員の給与・質・量の面における著しい不均衡をきたしている。たとえば、東京都と島根県における勤続五年の短期大学（旧制専門学校程度の師範学校を基準とする学歴区分）卒教員の給与を比較すれば、前者は本俸一三〇三五円に対し後者は九八〇〇円である。また東京都の助教諭の占める比率は昭和二七年度においては小学校一・四%、中学校〇・六九%に対して北海道においてはそれぞれ四〇・五三%、二七・二二%の高率を示している。また東京都と高知県の一学級当たり教員数を比較してみると小学校においては、前者は一・三一五人、後者は一・一七一人である。これ等の給与・質・量の差は結果的に教育の不均等を意味するものであり、是正されなくてはならない。」（『昭和二八年　わが国教育の現状——教育の機会均等を主として——』文部省、一七頁）

この文章は、一九五三年度の文部省白書からの引用である。第二次大戦後、新しくスタートした教育制度を根付かせる上で、「地方間の財政収入の不均衡」が重大な足かせになっていた。とくに、新制中学校の設置は、大きな財政負担を国と地方にもたらした。戦前から続く教育条件の地方間の格差を是正することは、教育機会の均等を謳った戦後の教育基本法に照らしても、重要な政策課題であった。そのような認識をもとに、教育の不均等を是正すること、教育条件を平等化することが、教育行政にとって最優先の課題だったのである。

一九五〇年代にはいると、義務教育段階の教職員給与の半分を国が負担する義務教育国庫負担金制度（一九五二年）や、学級定数と教職員の定数を定めた「公立義務教育諸学校の学級編制及び教職員定数の標準に関する法律（標準法）」（一九五八年）、さらには、国による基準性を強めた学習指導要領の改訂（一九五八年）、へき地教育振興法（一九五四年）といった政策が実施に移されていった。

これらの政策は、いずれも教育の標準化を推し進め、教育条件の「均等化」に寄与すると考えられて導入された制度である。

もちろん、別の面から見れば、これらはいずれも教育に対する国家統制を強めるための制度でもある。教育への国家の介入といってよい。教育の標準化を通じて地方間の教育条件の格差の是正をめざした政策は、教育の画一化を促す政策でもある。その意味では、教育への国家統制、画一教育といった、日本ではおなじみの批判が向けられる対象となる制度である。しかし、地域間で教育条件の大きな格差が存在し、それが学力の格差にも結びついていると考えられていた時代的背景について考慮に入れ、現時点から振り返ると、そこに違う意味も出てくる。地域間に存在した教育条件の不均等の是正に国が寄与しようとすれば、統制の強化という（ある意味では負の）面を伴いつつ、教育条件の標準化を進める形で教育に介入していくことが必要だと考えられたからだろう。ことの半面だけを見て、国による教育への統制の強化や画一化を批判するだけでは見逃してしまう、教育政策上の対応があった。そのような流れの中で、「学校間、地域間の隔差《（ママ）》を是正し、学力水準の向上をはかり、もって教育の機会均等の実質的な確保をめざす」ための基礎資料の収集として、全国学力調査は実施されたのである。

教育の標準化を進める制度の枠組みは一九五〇年代に作られたものだが、財政的な裏付けをもってその内容を充実させる試みは五〇年代末から一九六〇年代に進行した。たとえば、義務教育段階で五〇人学級の実現をめざして教職員定数改善計画（第一次）が実施されたのが、一九五九年〜六三年であった。この時期、教員定数の改善総数は三万四〇〇〇人に及んだ。さらに、四五人学級の実現を目指した第二次改善計画は六四年〜六八年に実施された（改善総数六万一六八三人）。これらはいずれも予算的措置を伴うものであり、教職員数の確保、児童・生徒対教員数比の改善に資する政策であった。

さらには、五四年に制定されたへき地教育振興法は、五八年に改正され、教員へのへき地手当を都道府県が支出することが、努力規定から義務へと変わり、施設設備への国の補助についても、国が「二分の一を補助する」と明記されるようになった。これを受けて、五九年に「へき地教育振興法施行規則」（文部省令）が定められ、六〇年代を通じてへき地教育への支援策が厚みを増していった（注6）（斉藤、二〇〇四）。

これらの教育条件の是正策を進める上で、全国学力調査の結果がどれだけの影響力をもったのかを示す資料は残念ながら手元にはない。しかし、たとえば、教職員定数の改善計画を進める上で、当時、財政当局（大蔵省）や、地方財政に関わる自治省からの反対論が強かったことを考えると、政府内部での予算確保において、政策の根拠となるエビデンスが求められたことは容易に想像がつく。地域間での教育条件の格差と、それと連動した、教育の結果である学力の格差の存在をデータによって示すことで、財政当局との折衝を容易にするといった意味はあったのではないかと想像する。それがどれだけの力をもち得たのかを証明することは容易ではないが、根拠なしに素手で立ち向かうことと比べれば、先に紹介したデータを根拠に、地方間の教育条件の不均等を是正しようとした文部省の姿勢を、

「意図的なゴマカシにすぎない」と批判してすませてしまうのは、行き過ぎだといえるだろう。

別のところで詳しく分析したように（苅谷、二〇〇六）、実際にこうした財政負担を伴う教育条件の整備を経て、都道府県間の財政力と児童生徒一人あたり教育費との関係は、一九七〇年代を通じて、正の相関関係から、負の相関関係へと転じていく。経済的、財政的に豊かな県ほど、児童生徒一人あたりに教育費を支出していた逆進的な関係が、経済的、財政的に貧しい県ほど児童生徒一人あたりの教育費が多くなるといった累進的な関係に変わっていくのである。また、へき地に赴く教員にしても、へき地手当の充実や教員の広域人事制度の導入などを通じて、次第にすぐれた教員が赴任するようになったという報告もある。（注7）

これらの教育条件の均等策＝標準化の促進が、実際の教育にどのような影響を及ぼしたのか。それを直接測定する術はないが、本章で分析を行った一九六〇年代の学力調査データと二〇〇七年データとの比較分析から浮かび上がるのは、過去に存在した都道府県間の格差が現在までは残っていないという事実である。しかも、都道府県間の経済的な豊かさの違いの影響も弱まった。また、ここでは多重共線性を考慮に入れ、分析に投入しなかったが、都道府県の財政力の影響も、六〇年代には有意な正の値を示していたが、〇七年にはその影響が有意でなくなるか、有意であっても小さくなっている。これらは間接的な情報ではあるが、四十数年間を通じて、都道府県間の教育条件の均等化が、学力テストの面での格差の是正につながったことを示唆するものである。

もちろん、現在において、学力格差の問題がなくなったわけではない。すでにこの章での分析が明らかにしたように、都道府県間というより、同一県内での学力格差の問題が残るのである。しかも、そこに影響を及ぼしているのは、一〇〇〇人あたり生活保護率が示す、貧困層の存在であった。このような問題は、学力テストの平均点にばかり目を向けていると見逃されてしまう政策課題である。

ところが、第二節で明らかにしたように、過去の学力調査の時代と比べると、二〇〇〇年代のそれは、教育の格差が社会問題視されるわりには、全国学力調査のデータを用いてそこに切り込もうとする分析は、国や地方レベルではほとんど行われていない。(注8)学力調査は、格差問題に沈黙を続けているのである。

もちろん、その背景には、都道府県レベルでは教育条件の均等化が実現したという認識があるのだろう。あるいは、学校レベルでも教育条件の標準化は相当程度に進んでいるといえるのかもしれない。そうだとすれば、〇七年データから浮かび上がってきた県内の学力の散らばりの原因は、学校内にあるよりも、学校外にあると考えた方がよい。子どもが生まれ育つ家庭環境の影響であり、そこに、家庭の社会経済的、文化的要因も関係している。学校の教育条件を均質化するだけでは埋めることのできない格差が、学校の外でつくられているのである。

このような家庭環境の影響は、当然ながら六〇年代にも存在した。あるいは、現在以上に大きな格差があったということもできる。違いがあるとすれば、公教育の役割についての社会的な認識の面だろう。かつてであれば、そのような家庭環境の差異に対し、学校が介入することも許容された。ところが、現在では、教育は公共サービスの一環と見なされ、その受け手である顧客の満足度を高めることが重視されるようになった。親による支配（〝ペアレントクラシー〟、Brown, 1990）の時代の到来である。学校選択制などに通じる新自由主義的な考え方と、個人の尊重を謳う進歩派との力が合わさったところで、教育行政や学校といった公的なエージェントは後退を余儀なくされているのである。

以下の考察は推論の域を出ないが、こうなると、家庭環境の違いが生み出す学力格差に、どれだけ教育行政や学校が踏み込めるか、ためらいが生じるのも理解できる。そこに躊躇があれば、学力調査データの使用にも二の足を踏むことになるだろう。明らかにしたところで、どうにもできないといったあきらめである。

さらにいえば、競争と序列化を忌避する感情がいまだ根強い日本の教育界では、イギリスのような学校選択の資料として全国学力調査の結果を使うことも、広くは認められていない。かといって、個人情報を保護するという名目もあり、家庭の経済的条件や社会・文化的条件などを詳しく調査することもはばかられる。しかも、教員評価につながることをおそれれば、教室単位・学級担任単位での情報収集にも遠慮がちになる。さらに付け加えれば、教員の加配を伴う習熟度別指導や少人数学級など、政策評価につながるような分析は、その結果が教育行政当局にとってプラスの意味をもたなければ、予算獲得のためのエビデンスという意義をもちにくくなる。下手をすれば、施策の有効性の欠如としてマイナスになりかねない。

このような配慮に配慮を重ねれば、悉皆による学力調査の分析は、中途半端なものに終わらざるを得ないのだろう。せいぜいが、明確な対立点や論争を引き起こしそうにない、授業改善に向けての分析結果を提示するところで終わればよいのである。論争を巻き起こしかねない、政策評価や格差問題に関わる分析にまで踏み込まず、中途半端な分析に終始する。それが、無難な対応なのだろう。学力調査の沈黙が意味しているのは、教育行政当局自らのこうした中途半端な位置づけではないのだろうか。このように考えれば、六〇億円もの税金を使っても、政策的に有効な分析結果を引き出さない（出せない）ことにも、一定の理由があることがわかる。データやその分析に意味をもたせる社会的・政治的な文脈によって、何を課題に鋭利な分析を行うかが決まってくるのであり、そうした鋭利さを避けようとする文脈からは、中途半端な結果しか引き出せない。五〇年代、六〇年代の学力調査の時代との比較から浮かび上がるのは、現代におけるこうした教育論議の行き詰まりである。どれだけお金をかけ、大量の情報を集めても、それを生かせる道を見いだせない。その閉塞感とともに、「学力調査の時代」は進んでいく。

（注1）調査の問題点については、私たちが行った千葉県検証委員会の報告のうち、補論「全国学力・学習状況調査の問題点と今後の課題」、千葉県検証委員会（二〇〇八）収録の苅谷剛彦・安藤理論文を参照。
（注2）教育学の定説では、戦後の「新教育」をめざし「試案」としての性格をもった学習指導要領から、国家統制が強化されはじめた改訂であったと評価されてきた。
（注3）第四節で見るように、その後一九五〇年代末から六〇年代を通じた政策において、財政的根拠をもった教育条件の整備が進んでいく。

（注4）この調査の問題点については、苅谷（二〇〇二）参照。

（注5）二変数間の相関係数を計算しても、小学生においては有意な関係は見られなかったが、中学三年生の場合には、国語B問題（マイナス〇・三一三）、数学B問題（マイナス〇・三二九）との間には、有意な負の相関関係が見られた。一人あたり教育費をかけている県ほど得点が低くなるという傾向である。ただし、かつては、一人あたり県民所得と児童生徒一人あたり教育費との間には正の相関関係があったのに対し、二〇〇七年には負の相関を示す。つまり、豊かな県ほど一人あたりの教育費が少なくなる傾向が出現しているということである。この問題については、苅谷（二〇〇六）を参照。

（注6）五四年のへき地教育振興法の制定に実質的に関わったのが天城勲氏（当時、初等中等教育局財務課長）である。その後、この天城氏が、悉皆による全国学力調査の報告書の作成にも関わるのであり、ここには、教育条件の均等化をめざす動きの一連の流れがあった。

（注7）五〇年代半ばにおいて、へき地への教員の配置については、次のように言われていた記録が残っている。「僻地に働いている教師は、教師仲間のくずであり、都市や平坦部の学校では勤まらない無能教員や性格的に欠陥のある教育界の脱落者が振り向けられる、という誤解が少なくない。（中略）老朽教員が恩給をもらうまでの首つなぎに赴任したり、問題を起こした教員が懲戒的な意味で僻地に追いやられたり、若い無資格教員にポストをあてがう場であるというように見られてきた。」（馬場、一九五六、四七頁。斉藤、二〇〇四より重引）。これに対し、昭和三七年の『内外教育版』（一三五七号九頁）には、へき地への教員の配置に改善が見られるようになったという文部省の調査結果が紹介されている。

（注8）私たちが委託を受けて実施した千葉県検証委員会での全国学力・学習状況調査の千葉県データを用

いた分析では、千葉県の協力も得て、全国学力・学習状況調査データ以外の、学校レベルや市町村レベルの多様な情報を加味した上で、学力格差の問題を中心に分析を行っている。その結果、たとえば、清水睦美と須藤康介は、一人あたりの市町村民税（個人）の年間所得割額をもとに、市町村を、中・高所得地域と低所得地域とに分け、経済的な地域特性によって、教育施策が学力に及ぼす影響の違いを分析した。その結果、学級規模の影響も、こうした地域特性によって違うことが明らかとなった。学級規模が小さいほど学力が高くなる傾向は、他の要因（条件）を統計的に同じにした場合、低所得地域の学校で顕著に見られたのである。同様に、ベテラン教師が多いことも、研究授業の回数が多いことも、低所得地域で学力に影響を及ぼしていることがわかった。これらの知見は、同じような教育施策を実施していても、その効果が学校の位置する地域社会の特徴によって異なることを示唆している。政策的に、どの地域にどれだけの資源配分を重点的に配分するかを考える上で、参考となる結果といえる。同じデータを用いても、こうした分析の可能性があることを示す一例である（千葉県検証委員会、二〇〇八）。

参考文献

香川・愛媛「文部省学力調査問題」学術調査（一九六四）『香川・愛媛「文部省学力調査問題」学術調査報告書』、『学テ白書運動のまとめ』日本教職員組合発行、一九六四年収録。

苅谷剛彦（二〇〇一）『階層化日本と教育危機』有信堂高文社。

苅谷剛彦（二〇〇二）『教育改革の幻想』ちくま新書。

苅谷剛彦（二〇〇三）『なぜ教育論争は不毛なのか』中公新書ラクレ。

苅谷剛彦（二〇〇六）「「機会均等」教育の変貌」『アステイオン』六五、一一二―四三頁。

苅谷剛彦・志水宏吉編（二〇〇四）『学力の社会学』、岩波書店。

斉藤泰雄（二〇〇四）「へき地教育振興のための政策と取り組み」『国際教育協力論集』第七巻第二号、広島大学教育開発協力センター、二五―三七頁。

千葉県検証委員会（二〇〇八）『千葉県全国学力調査検証委員会報告』。http://www.p.u-tokyo.ac.jp/kikou/

馬場四郎（一九五六）「教育環境としてのへき地――山村」『講座　教育社会学IX　へき地の教育』東洋館出版社。

文部省（一九五七）『昭和三一（一九五六）年全国学力調査報告書』文部省。

文部省（一九六三）『全国中学校学力調査報告書　昭和三六年度』文部省。

Brown, Phillip (1990) “The ‘Third Wave’: Education and the Ideology of Parentocracy,” *British Journal of Sociology of Education*, Vol. 11, No. 1, pp. 65–85.

5章　学力政策を支える教師の労働実態と課題

小川正人

はじめに

次期学習指導要領案をまとめた中教審答申（二〇〇八年一月一七日）は、新しい教育課程のねらいを実現していく具体的手立ての一つとして、「授業研究といった教師の工夫と相まって教育の質の向上を図っていくためには、何よりも、まず、教師が一人一人の子どもたちと向き合い、指導を行うための時間を確保することが重要である」ことを強調し、そのために教職員定数の改善等の必要な教育条件整備等の課題に言及している。教育課程に関わる中教審答申でこうした教職員定数の改善等の教育条件整備等の課題を強く要請することは、従来からすればある意味異例ともいえるものであった。その背景には、二〇〇六年に文部科学省が実施した教員勤務実態調査（東京大学、二〇〇七、以下、「教員勤務実態調査」）で明らかになったように、児童生徒の指導に直接かかわる業務以外の仕事が非常に多くなりそれに伴う超過勤務時間も一ヵ月当たり平均約三四時間（夏季休業期間を含めて）となるなど、教員が授業に専念し子どもと直接向き合い指導する時間の確保がままならないという現場の深刻な実態がある。

しかし、他方では、こうした教員の超過勤務や現場の実態は、必ずしも社会的に認識され理解されている訳ではない。長時間の超過勤務は学校・教員だけに特有の問題ではないとされ、むしろ「夏休み」等がある学校・教員の勤務形態は比較的楽な職場・職種として捉えられている節もある。新教育課程の実施を織り込んだ政府の教育振興基本計画（二〇〇八年七月一日閣議決定）でも、文部科学省や教育関係者の強い期待にも拘わらず教職員定数の改善等の教育条件整備を進める具体的な財政指標は盛り込まれなかった。

本章では、「教員勤務実態調査」を踏まえて教員勤務の特徴的な問題を明らかにしながら、その問題の基本的な原因と改善に向けた政策上の課題を考えたい（学校・教育委員会が取り組むべき業務の改善、効率化等の課題はここでは取り上げない）。

1　二〇〇六年「教員勤務実態調査」から浮き上がる教員勤務の諸問題

「教員勤務実態調査」の内容は、この間、様々な機会に取り上げられてきたのでここで改めて再録することはしない。ただ、これまでは公立小中学校教員を一括して取扱い、超過勤務が一日平均約二時間、月にして平均約四〇時間（夏季休業期間を含めると同約三四時間）、これに家庭への持ち帰りや週休日の勤務を入れると月平均五〇時間を超える等の実態が報告されてきた。ここでは、そうした

○小学校教員	［平　日］	・学校での１日平均残業時間… １時間41分 （授業準備24分，成績処理17分，事務・報告書作成９分，学校経営８分，会議・打合せ４分，等） ・自宅への１日平均持ち帰り時間…36分 （授業準備12分，成績処理12分，学年・学級経営３分，事務・報告書２分，等）
	［週休日］	・学校出勤での１日当たり平均残業時間…21分 ・自宅での１日当たり平均持ち帰り時間… １時間39分 （成績処理40分，授業準備26分，事務・報告書作成７分，学年・学級経営５分，等）
○中学校教員	［平　日］	・学校での１日平均残業時間… ２時間12分 （授業準備20分，部活動18分，成績処理16分，事務・報告書作成11分，学校行事６分，会議・打合せ４分，学校経営２分，等） ・自宅への１日平均持ち帰り時間…22分 （成績処理６分，授業準備５分，事務・報告書作成１分，学年・学級経営１分，等）
	［週休日］	・学校出勤での１日当たり平均残業時間… １時間29分 （部活動62分，成績処理６分，その他校務３分，授業準備３分，事務・報告書作成２分，等） ・自宅での１日当たり平均持ち帰り時間… １時間40分 （部活動40分，成績処理22分，授業準備14分，事務・報告書作成５分，その他校務４分，等）

これまでの報告に加えて「教員勤務実態調査」データの一部を再分析することで得られる知見（東京大学、二〇〇八）を紹介しながら教員の勤務に関わるいくつかの特徴的問題と課題を整理しておく（注1）。

小・中学校で異なる教員の超過勤務の実態――改善の際に留意されるべきこと

「教員勤務実態調査」で明らかになった通常期（第二期＝夏季休業を除く）における小・中学校教員の超過勤務の実態を学校種別に少し詳しく整理してみると上の表のようになる。

同じ義務教育学校といっても小学校と中学校の間では、学級担任制か教科担任制か、部活動の軽重等といった勤務形態の違いを反映して超過勤務の実態には次のような違いがあることが分かる。

①平日における学校での平均残業時間は、中学校の方が小学校より三〇分程長くなっているが、その主な内訳は部活動や学校行事等である。

②平日における自宅への平均持ち帰り時間では、小学校の方が一四分程長くなっているが、その主な内訳は授業準備や成績処理等である。

③週休日における学校出勤での平均残業時間と自宅での平均持ち帰り時間でも、小学校と中学校では大きな違いがある。小学校では、学校出勤の残業よりも自宅での残業時間が圧倒的に多いのに対して、中学校では、学校出勤の残業と共に自宅での残業も同程度に多い。そうした違いが生じるのは、中学校における部活動の存在に理由がある。

こうした小学校と中学校の間における教員の超過勤務の違いは、以下のような理由によると考えられる。図1は、小学校教員の一日の時間帯別の行為者率を業務分類別に表したものである（青木、二〇〇八・川上、二〇〇八）。行為者率とは、一日の中で該当の行動（図1では、教員の行う業務を「児童生徒の指導に直接的にかかわる業務」、「児童生徒の指導に間接的にかかわる業務」、「学校の運営にかかわる業務及びその他の校務」、「外部対応」に分類）をした教員が教員全体に対しどれ位の割合を占めるかというものである。この行為者率で一日における教員の業務遂行行動を見ると、教員全体の勤務形態や傾向をよりはっきり捉えることができる。図1から、小学校では一部専科教員を除くほとんどの教員が学級担任を務める学級担任制を採っていることもあり、小学校教員は児童の登校時から

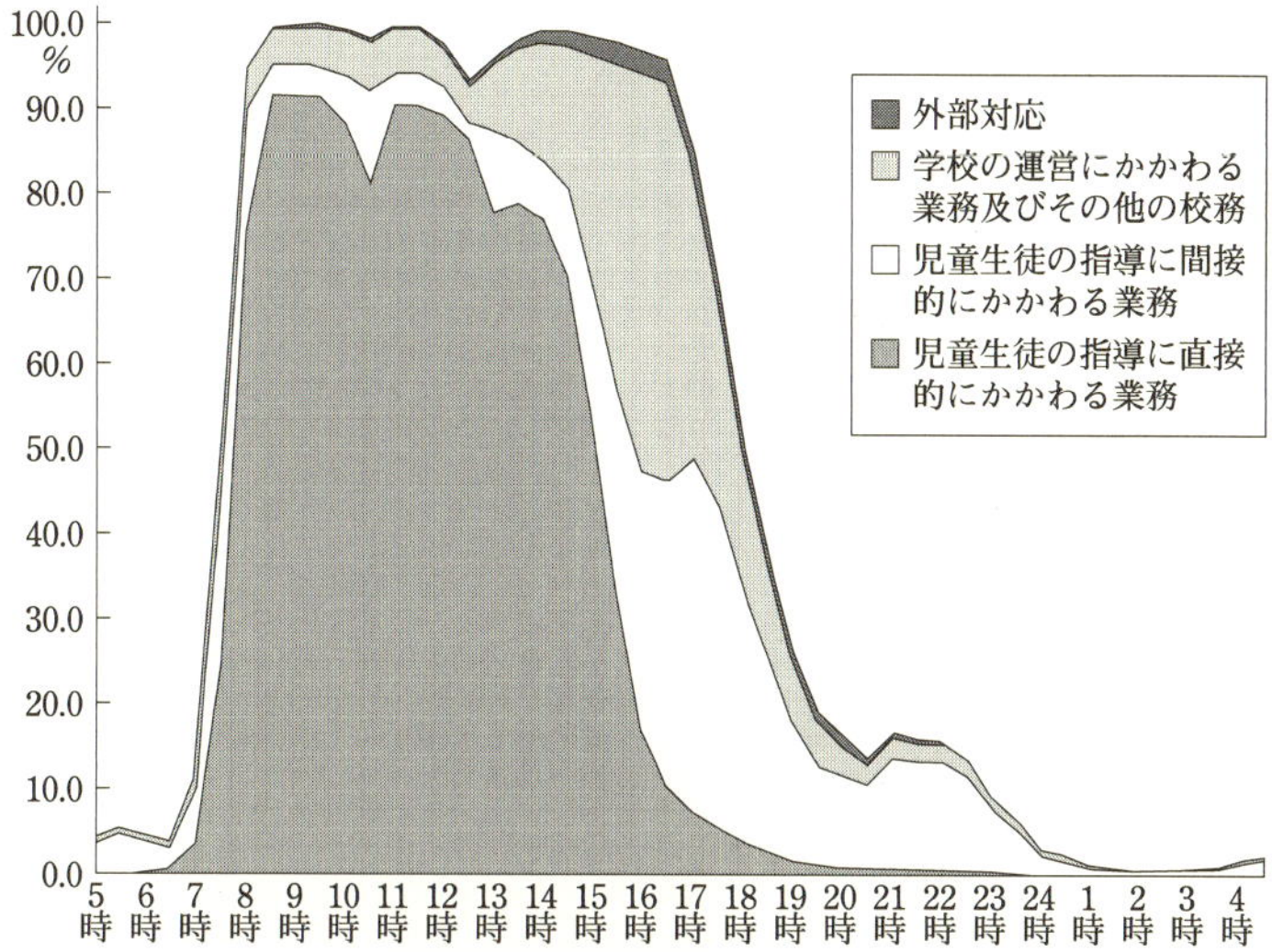

図1　小学校教諭の時間帯別行為者率（川上，2008）

下校時までの間、常に授業と児童の直接的指導業務に携わらざるをえないため、授業準備や成績処理等の「児童生徒の指導に間接的にかかわる業務」や「学校の運営にかかわる業務及びその他の校務」は、授業が終了し児童が下校した後に集中して処理されるか、あるいは、自宅への持ち帰り業務となる傾向になっている。週休日でも、小学校教員は自宅で成績処理や授業準備の残業が多くなっているのはそうした理由であると推察できる。それに対して、中学校は教科担任制であることから、図2でも分かるように、担当している教科授業に空き時間が生じ、その空き時間を利用して勤務時間内に「児童生徒の指導に間接的にかかわる業務」や「学校の運営にかかわる業務及びその他の校務」が分散してこなされている。また、早朝や放課後以降の部活動指導のために、意識的にそれら業務を

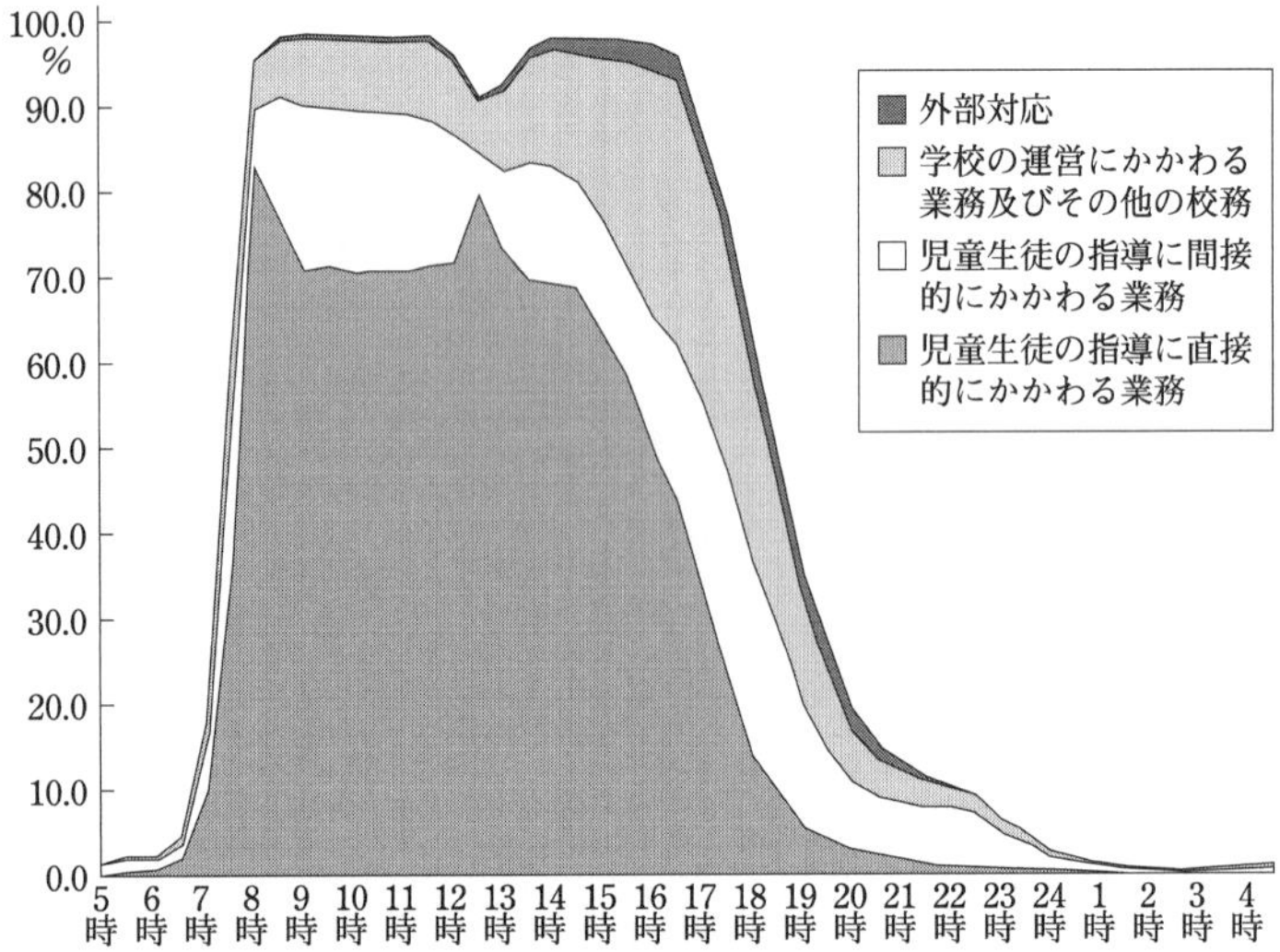

図 2　中学校教諭の時間帯別行為者率（川上，2008）

勤務時間内に分散させているのではないかとも推察される（川上、二〇〇八）。

教員の超過勤務の実態を踏まえてその勤務状況を改善していく方策を考える際には、そうした小学校と中学校の勤務形態の違いに十分に留意する必要がある。小・中学校共に、管理・経営業務に専念できる教職員の配置・充実や外部・他職種に委託可能な業務の検討、学校や教育委員会等による業務の合理化・効率化の試みをすることは当然であるが、小学校では授業や児童の直接的指導業務の負担軽減を図る方策（教科担任制の導入や専科教員の充実、少人数学級、給食指導からの解放や負担軽減、校務の効率化・ＩＴ化、教材研究の効率化・改善、等）、中学校では部活動の在り方を検討することが不可避であるように思う。

表1　部活動顧問と年代と性別（小入羽，2008）

	男子				女子			
	運動部顧問	文化部顧問	顧問なし	合計	運動部顧問	文化部顧問	顧問なし	合計
30歳以下	262 94.2	12 4.3	4 1.4	278 100.0	202 73.7	48 17.5	24 8.8	274 100.0
31〜40歳	480 90.4	41 7.7	10 1.9	531 100.0	228 56.4	123 30.4	53 13.1	404 100.0
41〜50歳	746 78.2	117 12.3	91 9.5	954 100.0	214 38.9	226 41.1	110 20.0	550 100.0
51歳以上	230 44.4	82 15.8	206 39.8	518 100.0	89 29.0	131 42.7	87 28.3	307 100.0
合計	1718 75.3	252 11.0	311 13.6	2281 100.0	733 47.8	528 34.4	274 17.9	1535 100.0

上段：人数，下段：年齢に占める％

中学校部活動にかかわる教員の勤務実態と課題

中学校教員は、小学校教員と比べて超過勤務時間が長くなっているが、その理由は小学校より部活動や学校行事の負担が重いことにある。特に、部活動にかかわる超過勤務時間が平日、週休日ともに多く勤務負担増大の主要な原因となっている。そのため、中学校教員の負担を軽減し超過勤務解消を図るためには部活動の在り方を検討することが避けられない。ここでは、そのことを確認する意味でも、中学校部活動を担当している教員の勤務実態をデータに基づいて捉えておきたい（小入羽、二〇〇八。利用したデータは「勤務実態調査」第一期の勤務時間データとフェイスシートの回答）。

①部活動顧問の属性と勤務実態　部活動顧問に就いている中学校教員の年代・性別は表1の通りである。四〇歳以下の教員――特に運動部顧問は男性教員に大きく依存していることが分かる。また、図3、図4は、授業準備時間と生活時間に関する感じ方を顧問と非顧問の教員に聞いた結果である。顧

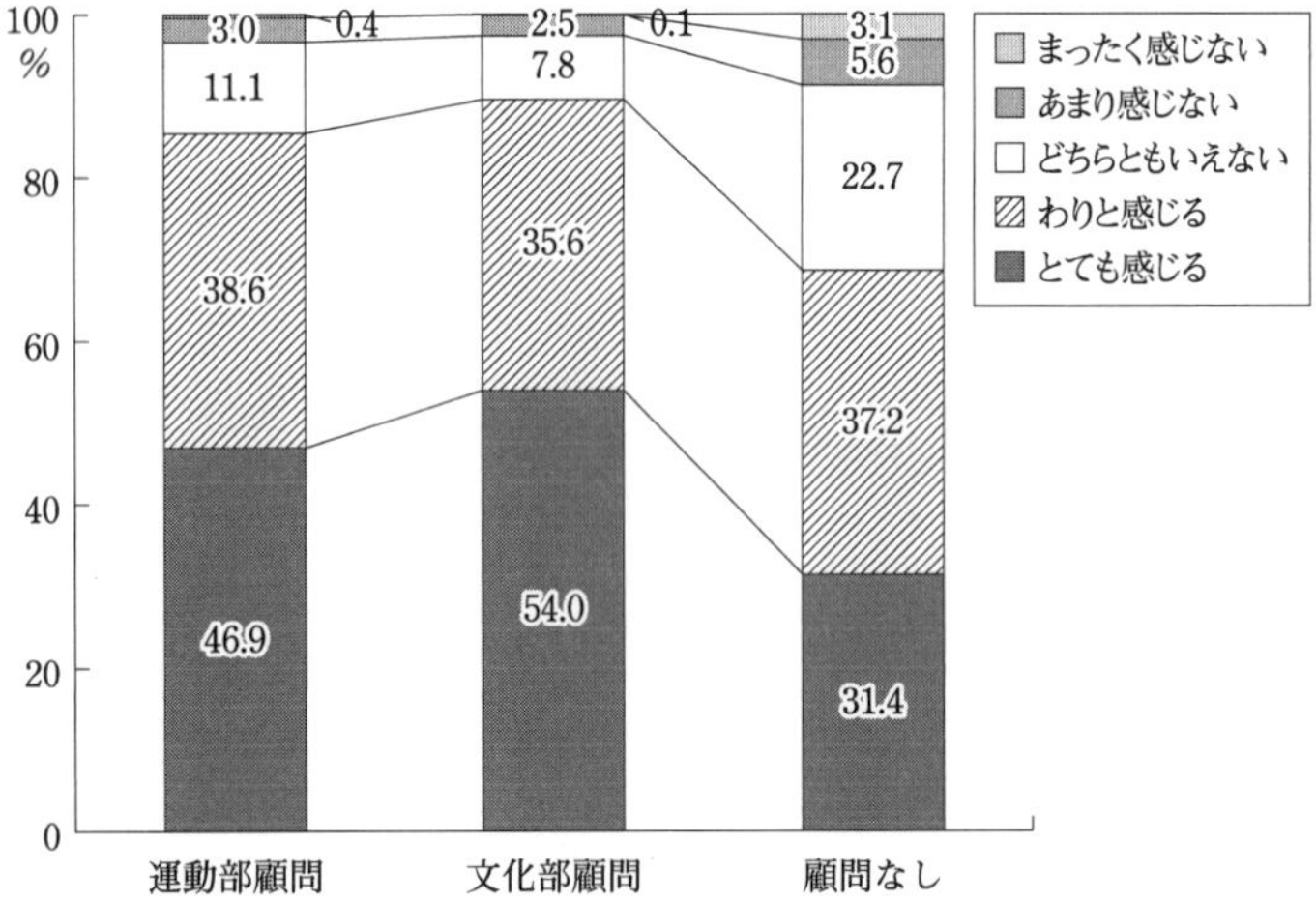

図 3　授業の準備時間が足りないと感じる教員の割合（小入羽，2008）

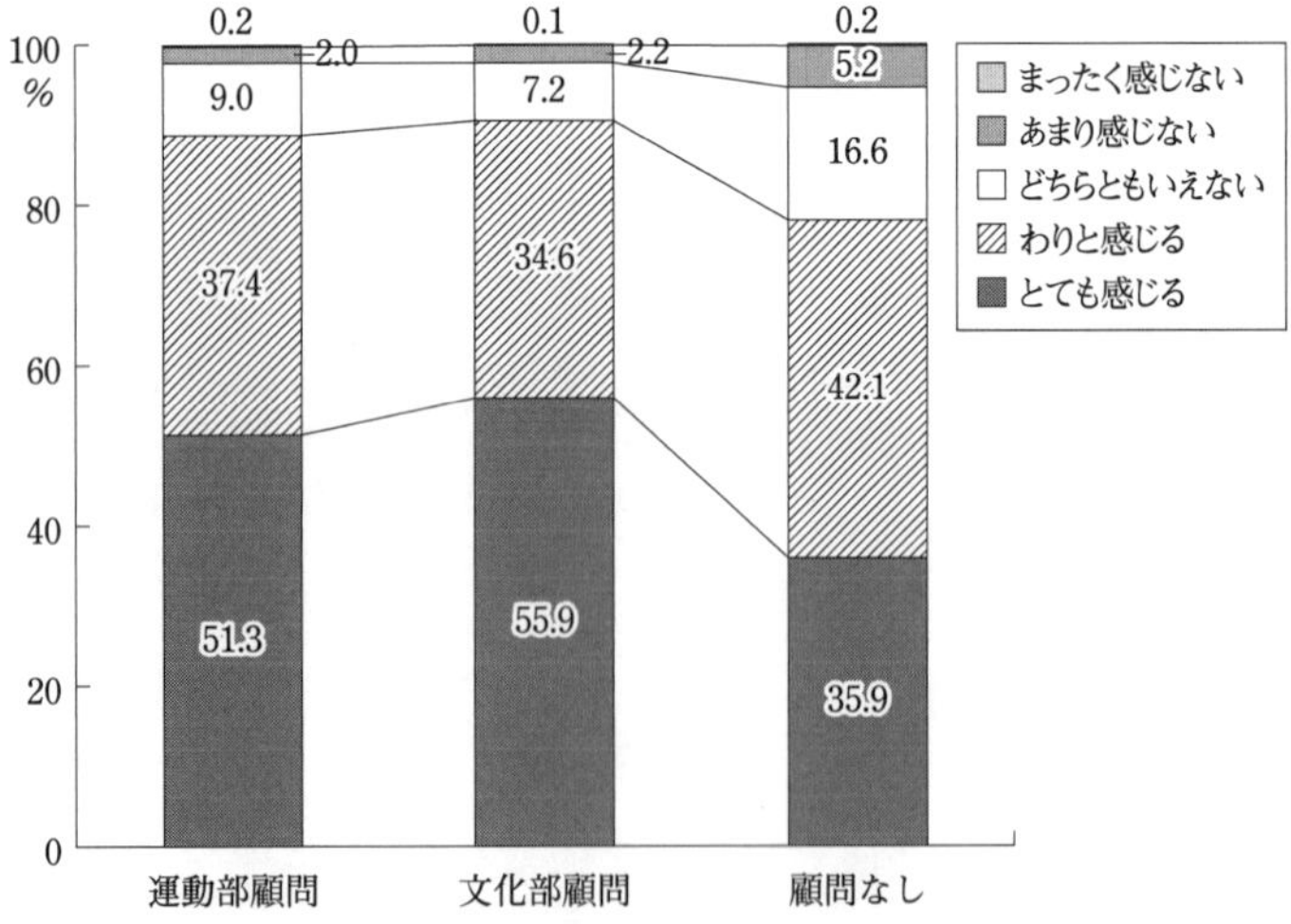

図 4　仕事に追われて生活のゆとりが無い（小入羽，2008）

問と非顧問の間の違いは明確である。また、運動部顧問より文化部顧問の方が「授業の準備時間が足りない」「生活のゆとりが無い」の回答率が高いのは、文化部顧問の多くが女性教員であることにも起因していると推察できる。部活動顧問の勤務時間に関する意識調査では、顧問には授業準備をする余裕もほとんど無く、また生活のゆとりが無いとの結果が出たが、勤務実態調査の結果分析でもそれが裏付けられる形となっている。

表2は、顧問の年代別に見た「生徒の指導に関わる業務」に占める部活動時間比率である。四一〜五〇歳の顧問の中で部活動時間比率が二五％を超えている割合が一四・五％とある以外は、総じて四〇歳以下の顧問が部活に費やす時間が相対的に長くなっている。その結果として、残業時間に占める部活動の割合も高い。表3は、顧問の残業時間に占める部活動の割合をみたものであるが、残業時間に占める部活動時間は二極化の傾向があるなかで、運動部顧問の場合には三〇％以上とする者が三人に一人の比率になっているなど運動部の部活動時間が長くなっている傾向を読み取ることができる。

顧問教員（特に運動部）は勤務時間の総時間数が非顧問教員より長いうえに、授業準備の時間がなかなか取れず、かつ週休日も部活動のために学校出勤だけでなく自宅でも関係業務を長時間行っていること、長期休業期であっても顧問教員は部活動に多くの時間を割き授業準備等の時間確保が難しいといった実態が浮かび上がっている（小入羽、二〇〇八）。

②都道府県・政令市の取り組みと部活動の在り方をめぐる論議　部活動が中学校教員の勤務負担増大

表 2　「児童生徒の指導に関わる業務」に占める部活動時間比率と年代（第 1 期・勤務日）（小入羽，2008）

部活動時間の％	年齢				合計
	30歳以下	31～40歳	41～50歳	51歳以上	
0％	23	72	134	91	320
	6.3	9.2	11.6	22.4	11.8
1～5％	52	116	212	85	465
	14.2	14.8	18.3	20.9	17.1
6～10％	70	139	201	60	470
	19.1	17.7	17.4	14.7	17.3
11～15％	73	145	188	50	456
	19.9	18.5	16.2	12.3	16.8
16～20％	60	137	158	50	405
	16.3	17.5	13.7	12.3	14.9
21～25％	46	63	96	33	238
	12.5	8.0	8.3	8.1	8.8
25％より大きい	43	113	168	38	362
	11.7	14.4	14.5	9.3	13.3
合計	367	785	1157	407	2716
	100	100	100	100	100

上段：人数，下段：年齢に占める％

表 3　残業時間に占める部活動時間の比率と顧問する部活動の種類（第 1 期・勤務日）（小入羽，2008）

部活動時間の%	顧問する部活		合計
	運動部	文化部	
0 %	319	217	536
	15.2	35.1	19.8
1～5 %	147	66	213
	7.0	10.7	7.9
6～10%	211	64	275
	10.1	10.4	10.1
11～15%	206	54	260
	9.8	8.7	9.6
16～20%	194	43	237
	9.3	7.0	8.7
21～25%	199	35	234
	9.5	5.7	8.63
25～30%	176	28	204
	8.4	4.5	7.52
30%より大きい	642	111	753
	30.7	18.0	27.8
合計	2094	618	2712
	100.0	100.0	100.0

上段：人数，下段：顧問の属性に占める%

や超過勤務の主要な原因となっていることに対して、都道府県・政令市教育委員会はどのように対応しているのだろうか。教員の勤務と業務量の改善等に関する都道府県・政令市の取組状況を把握するためのアンケート調査では（東京大学、二〇〇八。「小学校・中学校の教員の勤務時間・業務量に係わる都道府県（政令市）の取り組みに関する調査」実施期間二〇〇七年一二月〜二〇〇八年一月　都道府県回収率八七・二％、政令市回収率八二・四％）、中学校部活動に関係する次頁のような設問に対する回答結果を得た。

部活動の休息日を設けることや指導者の外部委嘱では、指導助言や取り決め、支援等を行っている自治体も多いが、部活動時間の上限を設けている自治体は少ないし、土日・休日の部活動引率業務等に対する代休等の勤務軽減措置をとっていない自治体も都道府県で二四％、政令市で四三％となっている。また、部活動の休息日等の取り決めがある場合でもそれが守られていない実態もあるようである（群馬県教育委員会、二〇〇八）。

戦後の学習指導要領においては、クラブ・部活動は小学校、中学校共に長い間特別教育活動として位置づけられてきた。この間、中学校では、クラブ活動は必修の特別活動と位置づけられる一方、部活動との分離も進められた（一九六九年中学校学習指導要領）。その後、部活動に対する参加をもってクラブ活動への一部または全部の履修に替えることができる等のクラブ活動と部活動の融合化も進められてきたが（一九八九年中学校学習指導要領）、一九九八年度の中学校学習指導要領ではクラブ活動に関する規定が全て削除されるに至っている。そのため、クラブ・部活動は、学習指導要領の上

○部活動時間について(複数回答)

	都道府県	政令市
1．上限を設けるように指導・助言している	4(9.8%)	4(28.6%)
2．中学校校長会などで上限について取り決めがある	2(4.9%)	1(7.1%)
3．その他	15(36.6%)	5(35.7%)
4．特に上限についての指導・助言や取り決めはない	22(53.7%)	6(42.9%)

＊その他＝「時間の取り決めはないが，通知により活動時間・内容，生徒の健康状態への配慮など安全面に留意するよう指導」，「県が指針を示し市町村での策定を推進している」，「中学校体育連盟との間に申し合わせがある」等

○部活動の休息日について(複数回答)

	都道府県	政令市
1．平日に休息日を設けるように指導・助言している	7(17.1%)	2(14.3%)
2．土日・休日に休息日を設けるよう指導・助言している	12(29.3%)	8(57.1%)
3．中学校校長会などで平日休息日の取り決めがある	2(4.9%)	2(14.3%)
4．中学校校長会などで土日・休日休息日の取り決めがある	9(22.0%)	4(28.6%)
5．その他	17(41.5%)	1(7.1%)
6．特に休息日についての指導・助言や取り決めはない	9(22.0%)	3(21.4%)

＊その他＝「通知により学校や地域の実態等に応じ休息日を設けるなど適切な運営に努めるよう指導している」,「平日・休日の区別はないが週に1回は休息日を設けるよう指導している」，「中学校体育連盟との間に申し合わせがある」，等

○部活動指導者の外部委嘱について

	都道府県	政令市
1．助言・支援を行っている(人材バンク等)	29(70.7%)	13(92.9%)
2．助言・支援を検討している	4(9.8%)	0(0.0%)
3．助言・支援を行う予定はない	8(19.5%)	1(7.1%)

○土日・休日の部活動における教員の児童・生徒引率業務等の代替措置について

	都道府県	政令市
1．代休等の勤務軽減措置を認めている	31(75.6%)	8(57.1%)
2．勤務軽減措置はとっていない	10(24.4%)	6(42.9%)

で何の規定もない学校、教員の自発的な教育活動として扱われてきていた。しかし、クラブ・部活動は、学校、教員の教育活動や勤務時間に大きな割合を占めており、その位置づけや教員の勤務時間上の措置を明確にすることが求められてきた。そうした中、東京都教育委員会は、都立学校管理運営規則を一部改正し、クラブ・部活動を明確に学校の教育活動として位置づけ、校長が所属職員や所属職員以外の者に対し部活動の指導業務を校務として分掌させたり委嘱することができるようにした（二〇〇七年四月施行）。そして、今次の新たな『中学校学習指導要領』（平成二〇年三月告示）では、「生徒の自主的、自発的な参加により行われる部活動については、スポーツや文化及び科学等に親しませ、学習意欲の向上や責任感、連帯感の涵養等に資するものであり、学校教育の一環として、教育課程との関連が図られるよう留意すること。その際、地域や学校の実態に応じ、地域の人々の協力、社会教育施設や社会教育関係団体等の各種団体との連携などの運営上の工夫を行うようにすること」（傍線―引用者）と述べて、明確に部活動を学校教育の一環として位置づけることとなった。

これまで部活動の在り方を巡っては、教育活動の一環として学校・教員が担うべきという考え方がある一方、教員の過大な超過勤務の主因になっているということもあり、社会教育等に移行すべきとの主張もあったが（小川、二〇〇八）、今次の学習指導要領への記載によってひとまず部活動の位置づけを巡る論議には終止符が打たれた格好となった。文部科学省が、何故、今次の改訂でそうした判断をしたかは定かではないが、部活動を学校教育の一環としてその位置づけを明確にした以上、それに伴い教員の負担や超過勤務の増大が予測されるため、負担軽減や超過勤務解消の実効性ある具体的手立てが図られる必要がある。部活動の技術的指導者として外部委嘱を更に充実させることと共に、対外試合の引率業務や週休日の活動における顧問教員の過重な負担を軽減させるためには、代休等の勤務軽減措置を確実に行える体制整備の他にそれら業務に責任を負える職員を学校に配置する等も考えてよいだろう。

2 日本の教員勤務形態の特徴と超過勤務常態化を下支えする給特法のしくみ

日本の教員勤務形態の特徴と問題

教員の膨大な超過勤務をどのように軽減していくかは、教員の生活と健康を守るというだけではなく、日本の学校教育の質を高めていくという観点からも重要な課題である。

では、なぜ日本の公立学校教員は、これだけの膨大な超過勤務を行わざるをえないのだろうか。それを考える上で、大変に興味深い調査データがある。それは、日教組が韓国、アメリカ、英国、フランス、ドイツ、フィンランドの各国の教員に対して、仕事の満足度や実際に携わっている業務の種類などを調べた『国際比較からみた日本の教員の仕事と職場生活』(二〇〇七年五月)という調査報告書である。中でも注目したいのは、教員として教科指導以外に携わっている教育・指導業務を各国教員にあげてもらったところ、日本の教員が教科指導以外の業務を一番多く行っているのに対して、韓国を除く他の国々の教員は、教科指導以外の業務がおしなべて少ないということである(図5)。

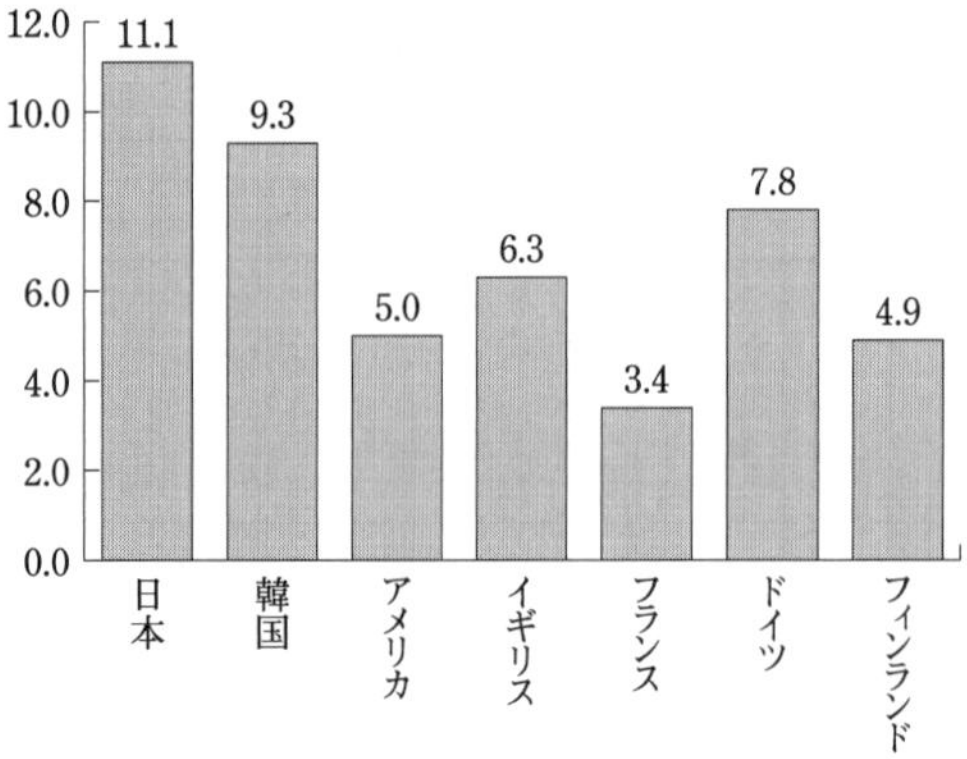

図 5　教員による教科指導以外の教育・指導業務に関する各国間比較

出典：日教組「国際比較からみた日本の教員の仕事と職場生活」(2007 年 5 月)

備考：教員が教科指導以外にどのような教育・指導業務を担っているのかを，下記の 18 項目から選んでもらい，その回答累計を 1 項目 1 点として数値化したもの．

1	しつけをする	11	学校行事に関する指導
2	集団生活で思いやりの心を育てる	12	体験活動に関する指導
3	健康に関する教育	13	奉仕活動に関する指導
4	食生活に関する指導	14	児童生徒の安全に関する指導
5	キャリア教育	15	教育方針や行事予定などの情報提供
6	進路指導	16	保護者との電話連絡・保護者会など
7	休み時間などに子どもと遊ぶ・過ごす	17	地域行事への参加
8	放課後などに補習をする	18	ＰＴＡ活動
9	部活動やクラブ活動に関する指導		
10	児童会・生徒会などの活動指導		

日本では、長い間、学級は学習集団であると同時に、生活指導集団、学校行事、学校経営の基礎的集団として考えられてきた。学校は、学習指導の外に、集団の生活・活動を通じて生活指導も期待、重視された。教員に求められる力量でも、異なる能力・個性をもった子どもたちを集団としてまとめつつ、その違いを学習指導や生活指導に活用していく授業づくりや学級経営の能力が重視、評価された。こうして、学級は、学習指導とともに生活指導や学校経営の基礎的な集団機能を担わされることで、相対的に大きな規模で編制される傾向を生み出した。それに対して、アメリカなどでは、学級は学習集団で、しかも学級内の学習指導は個々の子どもの個別指導が重視されるため、一人の教員が子どもの学習指導上において個別指導が可能な人数として概して少人数で編制される傾向にある。生活指導的機能は無いわけではないが、それは教員が個々の子どもと親への指導であって、学級の生活集団的機能が強く意識化されることはない。

日本の学級規模が欧米に比べて多人数で編制されている背景には、財政上の理由の外に、そうした学級観と学級の機能が広く受容されてきたことと無縁ではないように思われる。

しかし、こうした日本における「学級」を基礎とした教育活動は、その分、教員に多様な能力とその開発を求め、また、教員の業務内容も多様にならざるをえない面があり、教員の超過勤務を生み出す原因の一つとなっているといってよいかもしれない。加えて、近年、家庭・地域社会の変容を背景に、学校に様々な業務や要請が持ち込まれることで、学校・教員が担う業務が更に増大し、しかも、児童生徒のなかには基本的な躾や生活力が身に付いていない子どもも増える傾向にあり、学級集団の指導・経営は従来と比べて一段と難しくなっている。こうした日本における学級の多機能性と教員に課される多様な能力開発や業務内容を考慮するならば、学級規模の縮小＝少人数学級の実現は、アメリカ等と比べて一層切実で重要な課題としてとらえられるべきであると考える（小川、二〇〇六）。

以上のように、日本では、学校と地域、家庭の間の役割分担が不明確であるという背景の下で、学校が様々な役割を多く担ってきたこと、それを反映して、学校・学級が教科指導以外の多様な教育機能を期待されていることで、教員が担う業務が多様となり教員の長時間の超過勤務が生じる結果となっている。

教員の超過勤務をめぐる裁判判例――現行の「給特法」のしくみと問題

①「給特法」と教職調整額　実は、教員の常態化した超過勤務の実情が全く問題とされてこなかった訳ではなかったし、公立学校教員も地方公務員である以上、労働基準法の適用を受け、管理者である校長は部下の教職員の勤務時間を適切に管理する責務を負い、また、労働安全衛生法等で労働時間の適正な把握とともに安全配慮義務も負っている。しかし、教員の勤務時間を適正に管理し増大する超過勤務を軽減していく上で、現行の「給特法」法制とその運用は大きな問題を抱えているといえる。

労働基準法第三七条は、時間外、休日等の勤務に対する割増賃金の支払いに関して規定しているが、民間勤労者や他の公務員の場合、この労働基準法第三七条に基づき法定労働時間（週四〇時間）を超える時間外勤務を行った場合には、通常の給与に加えて時間外勤務手当が支給される。しかし、公立学校教員の場合には、この労働基準法第三七条が適用されず、時間外勤務手当を支給しない代わりに、その専門的・自律的な職務と勤務の特殊性に応じた教職調整額（本俸の四％に相当する調整額、本給やボーナスへのはね返り分を含めると実質六％）を支給するというしくみとなっている。教職調整額は、「公立の義務教育諸学校等の教育職員の給与等に関する特別措置法」（一九七一年、以下「給特法」）によって創設されたしくみであるが、この教職調整額の支給によって、公立学校教員には時間外勤務手当を支給しなくても時間外勤務を命じることが出来ることになっている。ただ、そのことによって教員に対する無定量な時間外勤務を課して教員の正規の業務を損なったり生活や健康を害することのないよう時間外勤務を命じることのできる業務を法律によって厳しく限定している。具体的には、「給特法」の第六条一項で「教育職員を正規の勤務時間を超えて勤務させる場合は、政令で定める基準に従い条例で定める場合に限るものとする」、二項で「教育職員の健康と福祉を害することとならないよう勤務の実情について十分な配慮がされなければならない」と規定されている。そして、第六条一項の政令で定める基準として、教育職員には正規の勤務時間の割振りを適正に行い原則として時間外勤務を命じないものとすることを明記した上で、時間外勤務を命ずる場合には、①生徒の実習に関する業務、②学校行事に関する業務、③教職員会議に関する業務、④非常災害等やむをえない場合に必要な業務、等に従事する場合で臨時又は緊急のやむをえない必要があるときに限り認められると規定している（宮地・文部省初等中等教育局内教員給与研究会、一九七一）。

②時間外勤務手当請求事件判決とその問題

しかし、教職調整額の下で、「給特法」の時間外勤務命令の限定があるにも拘わらず前述のように教員の超過勤務は増大し常態化してきた。では、なぜ「給特法」の時間外勤務命令の限定があるにも拘わらず教員の超過勤務が増え常態化しているのか——その原因の一端を公立学校教員の時間外勤務手当請求事件の裁判判例を見ることで確認しておきたい。

ここでは、公立学校教員の時間外勤務手当請求事件の中から、近年の裁判判例として札幌高裁判決(平成一九年九月二七日)と京都地裁判決(平成二〇年四月二三日)の二つを取り上げてみたい。前者は、北海道の公立学校教員が時間外勤務に対する時間外勤務手当支給を求めて提訴した事件であり、第一審の札幌地裁判決(平成一六年七月)の原告請求棄却後に原告側控訴によって行われたもので一審支持の判決を出している。後者は、平成一六(二〇〇四)年に京都市の公立学校教員九名により「損害賠償等請求事件」として提訴されたもので原告敗訴の判決を出している。

二つの判決は、ほとんど同じような論理の構成と展開を採っている。両判決は、先ず、給特法の趣旨を確認する作業を行っている。給特法は、「教育職員の職務と勤務の特殊性に応じた給与体系を定める必要」から制定されたもので、特に、教員の職務は「本来的に教育職員の自発性、創造性に期待するところが大きいという面で、いわゆるプロフェッションの一員として、一般的な職業とは異なった特質を持つ」(札幌高裁判決)ことが強調されている。その上で、教員の勤務時間は以下のような特徴をもつことから他の行政職公務員と同様の時間管理は適切ではないと論じる(両判決とも同様の内容であるため、以下では京都地裁判決の内容を紹介する)。

「教育職員の労働時間は、……同職員の自主性、自発性、創造性に基づく職務遂行に期待する面が大きいこと、また、勤務形態が春季、夏期、冬季の学校休業期間における勤務実態が通常の行政職員とは大きく異なった形態であること、職務の内容も授業活動のように教育職員の本来の職務であることが明らかなものから教職員会議への出席や研修への参加等本来の職務に付随するもの、部活動の指導等必ずしも本来の職務か否か明確でないもの、PTA活動等広義では教育活動といえるものの直ちには本来の業務ないし職務行為と言い難いものまで千差万別であり、また、時間管理ができるものと、それが困難なもの（例えば、自宅でのテストの採点や授業の準備等本来の職務であることは明らかであるが、勤務時間中に比して職務遂行の密度は高くはなく、仮に同時間を自己申告させたとしてもそのまま使用者の指揮監督下にある労働時間として扱うことはできない。）等、教育職員の仕事のうちどこからどこまでが本来の業務ないし職務であるのか、拘束されるべき時間ないし勤務なのか、単に教育職員の自発的、自由意思に基づいて行われているのか等明確に割り切ることが困難であるという特殊性を有していることを踏まえると、その勤務のすべてにわたって一般の行政事務に従事する職員と同様な時間管理を行うことは必ずしも適当でない」（京都地裁判決）

そうした教員の勤務の特殊性や職務内容の不明確性、時間管理の困難さ故に、「時間外勤務を命ずることができる場合を例外的な場合に限定して、原則としてこれを禁止するとともに、労働基準法三七条の適用を排除して（超過勤務手当制度に替わるものとして）、勤務時間の内外を問わず、包括的に評価することとして……教育職員に対して支払われるべき給与の金額として、適切な水準が定められているかどうかという観点から従前の俸給体系に再検討を加え、同職務等の特殊性を踏まえて給与の約四％に相当する教職調整額という俸給相当の性格を持つ給与」が支給されていると教職調整額の正当性を確認している（京都地裁判決）。そのため、教員が正規の勤務時間を超えて勤務した場合でも、時間外勤務等手当は支給されないと解するのが相当である、と結論づけている。

しかし、あらゆる時間外勤務が時間外勤務手当支給の対象にならないと断じている訳ではなく、時間外勤務に至った事情、職務内容、勤務の実情等では手当支給の対象になる場合もあるという考え方も示している。その点について、札幌高裁判決では、「時間外勤務等を行うに至った事情、従事した職務の内容、勤務の実情等に照らし、時間外勤務等を命じられたと同視できるほど当該教育職員の自由意思を極めて強く拘束するような形態で時間外勤務等がなされ、そのような時間外勤務等が常態化しているなど、給特法、給特条例が時間外勤務等を命じ得る場合を限定した趣旨を没却するような事情が認められる場合には、給与条例一四条、一五条、労働基準法三七条の適用除外を定めた趣旨も没却しているとして、その適用を認めるのが相当である」（傍線―引用者）と指摘している。同様に、京都地裁判決でも、「同職員が当該時間外勤務を行うに至った事情、従事した職務内容、勤務の内容、実態等を踏まえて、校長等から時間外に強制的に特定の業務をすることを命じられたと評価できるような場合、すなわち、同職員の自由意思を強く拘束するような状況下でなされ、しかも、給特法七条、一一条ないし本件条例三七条において時間外勤務を原則として禁止し、それを命じうる場合を限定した趣旨（同限定して命じる場合でも教育職員の健康と福祉を害することとならないよう勤務の実情について充分な配慮がなされなければならないとしている。〔給特法七条一項後文〕）を没却するような場合には違法となる」（傍線─引用者）という考え方を示している。すなわち、校長等の具体的な職務命令があった場合や、無くてもそれと同じように教員の自由意思を強く拘束するような状況の下で時間外勤務が行われ常態化しているような場合で、しかも安全配慮も十分なされていない場合には時間外勤務手当支給は認められるべきであるとしている。そうした立論の上に、両判決は、原告の教員一人一人が、どのような状況の下で時間外勤務に至ったかの事実認定を行っている。

札幌高裁判決では、その認定を以下のように行っている。

「控訴人ら教育職員の担任するクラス、担当する校務分掌や部活動、年間教育計画などは、予め各教育職員の希望を徴したうえ、プロフェッションの集団である校長以下の全教育職員が出席する教職員会議で決定されるのであるが、各教育職員の割り当てられた職務を全て勤務時間内に処理してしまうことは極めて困難である。してみると、各教育職員は、必然的に時間外勤務等を行うことになることを前提として、教職員会議で職務分担等を決定しているというべきであるから、各教育職員が教職員会議の決定で割り振られた職務を行う必要上時間外勤務等に及んだとしても、そのような時間外勤務等は、教育職員が自らの意思に基づいて決定したところに基づくもの、すなわち自主的に行ったものと評価するのが相当である。なお、校長が教育職員にひたすらお願いしてクラス担任や部活動の担当を引き受けてもらうことがあるが、このような場合も、教育職員がプロフェッションの一員であるとの自覚のもとにやむを得ず引き受けたものと考えることができるから、引き受けた教育職員の自主的な決定というべきである……（控訴人らの上記期間中の時間外勤務等が時間外勤務等を命じられたと同視できるほど控訴人らの自由意思を極めて強く拘束するような形態でなされたことを認めるに足りる的確な証拠はない。）」（傍線―引用者）

京都地裁判決でも、原告の教員九名それぞれについて個別の事実認定を行っているが、そこに共通する判断として、①校長は、口頭及び書面で時間外勤務命令をしたことはなかった（判決の中では、例えば、原告の一人が、「職員会議の中で、教育職員が午前八時二五分以前の登校指導、下校指導、土日の部活動の指導等をするのは時間外勤務ではないかと質問したことがあったが、登・下校指導に対して当時の当該中学校の生徒指導部長から当該中学校では平成九年、一〇年以降の生徒指導の困難さの中で、安定した教育活動、学習活動を成立させていくために登校指導、下校指導を行っている旨それに協力して欲しい旨の説明があり、土日の部活動の指導についても校長から特に強制ではない旨の説明があった」という説明をしている）、②教員は一生懸命教育実践に取り組んでいたがそれらの行為は自主的自発的取り組みであり、校長が、授業の内容や進め方、学級の運営等も含めて個別の個々具体的な事柄について具体的な指示をしたことはなかった、③部活動顧問は原告の希望どおりであった、④校長もしくは教頭等の管理職が最後に退校することになっていた、等を指摘しながら、原告教員らの時間外勤務は彼らの自由意思を極めて強く拘束するような形態で行われていたと認めるに足りる証拠はない、と判断している。（注2）

両判決とも、以上のような論の構成と展開によって原告敗訴の判断を示しているが、次節で取り上げるように筆者にはいくつかの点で検討を要する問題があるように思われる。

3 教員の超過勤務問題の改善に向けて――教職調整額の見直し論議と改革課題

公立学校教員も公務員として労働基準法を適用されており法定労働時間内で勤務することを原則としている。そのため、勤務時間内での仕事の割り振りをする際には、先ずは限られた勤務時間の枠内で本務は何か、優先して割り振りをすべき業務は何かを確定して行うことが基本であるべきである。公立学校教員の場合には、業務の多様さもあってか本務は何か、何が最優先して割り振りされるべき業務かを厳密に検討することを避けてきたように思われる。事実、前節で紹介した二つの判決でも、教員の業務内容については、授業活動は本来の職務、本来の職務に付随する仕事として職員会議への出席や研修への参加等をあげる一方で、本来の職務かどうか明確でないものとして部活動、本来の職務ではないものとしてPTA活動などをあげている。判決では、そうした本務と本務に付随する業務、本務かどうか不明確な業務、本務ではない業務という区分けをしていながら、それらを一括して時間管理の適否、困難や教員の自発的・自由意思に基づくか否か等を明確に割り切ることが難しいという特殊性を有しているため一般の行政事務に従事する職員と同様な時間管理を行うことは必ずしも適当でないと判断している。限られた勤務時間内で優先的な割り振りの対象とされるべきは、本務である授業活動とそれに伴う間接的な業務（成績処理や基本的な授業準備、等）や本務に付随する業務（校務分掌、職員会議、研修、等）であり、それらを勤務時間の枠内にどのように割り振ることが可能か、また、どのような基本原則、ルール等を設けるなら時間管理が可能なのかを検討してみることが先ずは重要ではないかと考える。また、部活動等の本務かどうか不明確な業務や本務でない業務をどう扱うかは、ある意味、政策的判断によるものであり、その政策的判断により業務遂行のしくみを考えればよいことである。

前記判決にはもう一つ看過できない問題があるように思う。それは、教員が現在担っている様々な業務全てを勤務時間内に処理することは極めて困難と判断していながら、他方で、勤務時間外に及ぶことを認識しつつ教員は職員会議で決定したり管理職からの願い等で結果的に自主的、自発的に引き受けているのだから、それら時間外勤務は自主的、自発的勤務と見なしうるため時間外勤務手当の支給対象にはならないという論法を採っていることである。しかし、部活動を一つの例にとっても、第一節で見たように四〇歳以下のほとんどの中堅・若手教員が部活動顧問をしていることからも了解されるように教員個々人が自由意思で顧問を拒否できるような状況にはない。判決は、本務、本務に付随する業務、本務かどうか不明確な業務、本務でない業務を区分して本務やそれに付随する業務以外の業務を可能な限り教員に割り振らないか負担軽減を図る等の体制づくりを考えるのではなく、そうした一切合切の業務を教員がやむなく引き受けざるをえなくなっている今日の学校が置かれている状況に対してあまりにも無理解であるように思われる。こうした無理解が教職調整額の下で拡がった結果が教員の多大な超過勤務の常態化を生み出してきたといってもよいだろう。

現在、教員給与改革の一環として教職調整額の見直し論議が進行している。論議のこれまでの過程では、教職調整額の見直しをめぐって基本的に三つの方向があった。一案は、現在の教職調整額を維持しながらもその金額や運用の改善を図る、二案は、現在の教職調整額を教職調整手当に手直し教員の負荷に応じて支給率に差を設ける、三案は、現在の教職調整額そのものを廃止し民間・行政職公務員と同様の時間外勤務手当として抜本的に改編する、というものである。文部科学省は、当初、二案を模索したが内閣法制局等の了解を得られず、現在、他の二つの案の可能性を模索して検討が進められている。筆者自身は、今日の様々な状況を考えると教職調整額を廃止し時間外勤務手当に移行する案は十分に検討に値すると考えている。教職調整額を制度化している「給特法」は、周知の様に教員の超過勤務を無制限とするものではないが、実態は勤務時間管理の意識を希薄化し長時間超過勤務を常態化してきたことは否めないし、長時間超過勤務に対する歯止めを図るインセンティヴも有していない。その結果、あたかも学校には「無限」の時間的資源があるかのように見られ、様々な教育的要請から学校の仕事は肥大化してきた。今次の教員給与改革の論議を契機に、教員の勤務を法定労働時間の枠内で考えることを原則として、その勤務時間の枠内で学校・教員が実際担えるのはどこまでの業務かをプライオリティを設けて整理すべきであり、そこからはみ出した業務は外部・他職種に移行させることやそれを教職員に担わせるのであればそれに相当する時間外手当支給や教職員増員を真剣に考えるべきである。「給特法」下で潜在化させられてきた諸問題を教職調整額の廃止という原点から改めて照射し直して課題を再整理すべき時期にきていると考える。その意味では、教職調整額のしくみを創設した「給特法」の成立時に、「給特法」と教職調整額は曖昧さを残したままの妥協の産物であり課題は今後に残されたままであるという市川昭午氏の次のような指摘は、今日でもそのまま生きていると考える。

「労働時間の問題は本来、時間外勤務を廃棄する方向において解決さるべきものであって、超勤に対する割増賃金の制度は、超勤そのものをできる限りなくしてゆくための手段にすぎない。教員がその仕事をすすめてゆく上で絶対不可欠な研修であるならば、それは当然所定内労働時間内で確保さるべきであり、採点、その他、教師が自宅に持ちかえる仕事も同様に所定時間内で消化さるべきである。そのためには定員増と雑務の排除という行政的措置と同時に、学校運営の効率化、特に各種委員会の整理と会議の能率化をはかってゆく内部的努力が大切である。行政当局と教員団体の双方にとって必要なのは、超勤そのものをなくしてゆくことであって、これに対する手当をどういう形で支給するかは第二義的な問題である。……本法が教員の待遇改善になるという事実は否定できないが、教員給与の抜本的改善は本質的にそれとは別個の課題である。同様に本法が超勤に関する給与制度の不合理を是正し、永年の紛争に一応の終止符を打った意義は認められるが、教員の職務の専門性、勤務態様の特殊性を明確化する上では何ら実質的な進展はみ

せていない。これら三点はいずれも今後に残された問題といえよう。」（市川、一九七一）

（注1）再分析作業は、国立教育政策研究所の青木栄一氏を中心にした研究グループが行った。本章1は、その成果の一部を紹介した（東京大学、二〇〇八）。

（注2）ただ、京都地裁判決は、安全配慮義務という観点から札幌高裁判決とは違った判断も一つ行っている点は注目したい。それは、原告教員の一人が、吹奏楽部顧問として平日でも午後八時頃退校し土日にも出勤していたこと、教育委員会指定の研究発表冊子のまとめ作業等、「時間外勤務が極めて長時間に及んでいたことを認識、予見できたことが窺われるが、それに対してそれを改善するための措置等は特に講じていない点において適切さを欠いた部分があるというべきである。……校長は、同一の職場で日々業務を遂行していた以上、そうした状況を認識、予見できたといえるから、事務の分配等を適正にする等して原告の勤務が加重にならないように管理する義務があったにもかかわらず、同措置をとったとは認められないから同義務違反があるというべきである」として原告教員一人について安全配慮義務違反が認められると判断している。

参考文献

青木栄一（二〇〇八）「本調査研究の課題設定とレビュー」（東京大学『教員の業務の多様化・複雑化に対応した業務量測定手法の開発と教職員配置制度の設計』平成一九年度文部科学省新教育システム開発プログラム報告書、所収）。

市川昭午（一九七一）「『給特法』の問題点」（『ジュリスト』四八五号、一九七一年八月一日号、有斐閣）。

小川正人（二〇〇六）「義務標準法制改革と少人数学級政策——国の学級編制標準四〇人の改善は実現できるか」（東京大学大学院教育学研究科・基礎学力研究開発センター編『日本の教育と基礎学力』明石書店所収）。

小川正人（二〇〇八）「教員給与改革に関する学校長アンケート調査結果の分析」（東京大学大学院教育学研究科・学校開発政策コース『教育行政学論叢』第二七号）。

川上泰彦（二〇〇八）「役割別分析」（東京大学『教員の業務の多様化・複雑化に対応した業務量測定手法の開発と教職員配置制度の設計』平成一九年度文部科学省新教育システム開発プログラム報告書　所収）。

群馬県教育委員会（二〇〇八）『教員の多忙を解消する——教員・学校・教育委員会ができる業務改善』学事出版。

小入羽秀敬（二〇〇八）「部活動顧問の労働時間の分析」（東京大学『教員の業務の多様化・複雑化に対応した業務量測定手法の開発と教職員配置制度の設計』平成一九年度文部科学省新教育システム開発プログラム報告書　所収）。

東京大学（二〇〇七）『教員勤務実態調査報告書——小・中学校』。

東京大学（二〇〇八）『教員の業務の多様化・複雑化に対応した業務量測定手法の開発と教職員配置制度の設計』（平成一九年度文部科学省新教育システム開発プログラム報告書）。

日教組（二〇〇七）『国際比較からみた日本の教員の仕事と職場生活』（二〇〇七年五月）。

宮地茂・文部省初等中等教育局内教員給与研究会（一九七一）『教育職員の給与特別措置法解説』第一法規。

認知心理学からの提言

6章 学力概念と指導・評価

市川伸一

1 「学力」そして「基礎学力」とは

学力と基礎学力の定義をめぐって

「学力」そして「基礎学力」とはいったい何を指すのか。研究者が自分なりに定義をすることはできるが、どの定義が妥当なのかは、なかなか決着がつくものではない。定義というのは、ある意味では約束事なので、各人の定義そのものについて、それがおかしいとはいいにくいものである。とはいえ、一方では学力というのは、社会で多用されている言葉でもあるので、あまりにもそれとかけ離れた意味づけはまずい。社会的にも認められ、しかも、学術の世界でもその定義をよりどころとすることにより、議論が明確になり、コミュニケーションがしやすくなる、そのような定義が「学力」「基礎学力」にも求められているのであろう。

教育学、心理学、社会学など、人文科学・社会科学では、こうした日常生活でもともと使われていた言葉が、学術用語としても使われることが多くある。本章は、学術用語としての「学力」や「基礎学力」に明確な定義を与えることを意図しているわけではない。しかし、これらの概念をより明確にするためのいくつかの素材を提供できれば、と考えている。とくに、ある概念を定義しようというとき、つねに考える必要があるのは、その概念と対比されるものを示すことである。「学力」とは何かは、「学力」でないものは何か、と照らし合わせてみることにより、いっそう明確になる。

日常的には、学力というのは、体力や道徳心、感性などと対比されて、学校で取り扱う教科の知識・技能をどれくらい身につけているかという概念である。その測定・評価には、小テスト、定期テスト、実力テスト、入学試験などの学力テストが使われ、成績のよしあしが、学力の指標となる。基礎学力とは、その中でもとりわけ、教科書に出ている程度の内容を習得していることを指し、大学受験に対応できるような応用的で高度な問題解決力は含まないものということになろう。ちなみに、文部科学省は、「基礎基本とは何か」に対して、最近は、「学習指導要領にある内容」と説明することが多い。これは、教科書程度の内容ということにほかならない。

一方、教育学的な議論の中では、学力に、はるかに広い意味をもたせることがある。一九五〇年代に、日本の学力論の草分けとなった広岡亮蔵は、学力のうち、個別的な知識・技能からなる下層構造と、個別経験をつらぬく法則を認識する中層構造を基礎学力としてとらえた。さらにその上の上層構造に、行為的態度としての問題解決学力を置いた（広岡、一九六八）。これに対して、学力とは計測可能な知識・技能の到達度に限定すべきであり、態度的な要素を含めるべきではないとする勝田守一との間で、論争がなされている（勝田、一九七二）。

こうした学力論争の経緯から、私たちは何を学ぶべきであろうか。まず、学力をめぐる論争は、学力の構造や機能に関するものなのか、名づけ方・呼び方に関するものなのかを明確にする必要があるということである。「意欲や態度は学力か」というのが、名づけ方・呼び方の問題に陥ってしまえば、これはたいして実のある議論とはならないだろう。しかし、たとえば、「態度的な要素は、問題解決的な場面でだけではなく、基礎基本となる知識・技能の習得の場合にも存在するのではないか。つまり、態度と達成する課題とは、階層的な関係ではなく、直交する要因ではないのか」という反論があったとすれば、これは、構造に関する批判であり、生産的な議論に発展しうる。

学力の分類による議論の整理

一般に学力と呼んでいるもの、あるいは、その周辺にあるものを含めて分類し、その中でどこが基礎学力にあたるものかを考えてみるのは、とりあえず議論を整理する上で有用であろう。上記の広岡の学力論はどちらかといえば、学力というもののメカニズムを示したモデルというよりは、分類に近いものであるが、議論を喚起する出発点とはなっている。

学力論争として、比較的最近起こったのは、一九九九年春ごろから二〇〇二年夏ごろまで続いたい

表1　学力の分類のしかた

	測りやすい力	測りにくい力
学んだ力	知識 （狭義の）技能	読解力，論述力 討論力，批判的思考力 問題解決力，追究力
学ぶ力		学習意欲，知的好奇心 学習計画力，学習方法 集中力，持続力 （教わる，教え合う，学び合うときの） コミュニケーション力

（市川，2002）

わゆる「学力低下論争」である。そこでは、理数系の研究者、教育社会学者、大学受験界という三つの方面から、高校生・大学生の学力低下が指摘され、「ゆとり教育」の教育改革路線に対して、警鐘を鳴らすこととなった。ただし、この論争の場合も、当初は、学力の意味が一致していないために、議論がかみあっていないのではないかという声があった。この論争の経緯や意義は市川（二〇〇二）で詳述したので、本章ではあらためて触れないが、こうした議論の際に、あらためて学力という言葉で何をさしているのかを分類しておくことは意義があろう。

筆者は、論争のごく初期に、表1のような整理をしたことがある。これは、とくにオリジナルなものではなく、教育界で言われていることをまとめたものである。学力の中には、学んだ力として身につく力と、学ぶための力があるということが教育界ではよく言われる。また、前者の中にも、ペーパーテスト等で客観的に測りやすいものと、測りにくいものとがある。「学ぶ力としての学力」を「学習力」と呼び、達成学力としての基礎学力と区別しようとする論者もある（天野、一九八三）。

学力低下論争の初期においては、「今の大学生はこんなことも知らない、できない」という個別の知識・技能面が問題にされたこともあり、表1の右側にあるような力を「新しい学力」として育成することを目標としていた（当時）文部省とは、議論がすれ違うこともしばしば見られた（レビューとして、中井 二〇〇一）。文部省やその政策提言に協力した教育学者にしてみれば、正確な知識をどれだけもっているかというのは、いわば「旧学力」であり、仮にそれが落ちていたとしても教育改革の足を引っ張ってほしくないという気持ちがあったであろう。すると、「旧学力」の低下を示すデータは、あまりとりあげないし、新たに調査してみることにも消極的になる。

一方、学力低下を問題視する論者のほうは、当初はいわゆる「学力テスト」によって、知識・技能面のデータを示すことが多かったものの、測りにくい力のほうに関してもまた議論の俎上にのせるようになっていく。苅谷（一九九九）は、学習意欲の一つの指標として学習時間の経年変化データに基づき、平均値の低下と、保護者の社会階層による格差拡大が生じていることを示している。また、市川（一九九九）は、「もう一つの学力低下論」として、表1の右側にあるような力こそが低下しているることを指摘していた。藤澤（二〇〇二）は、中学生や高校生の学習のしかたが、この二〇年ほどの間にかなり変質し、「ごまかし勉強」と彼が呼ぶような、手を抜いた形骸的なものになりつつあることを論じている。

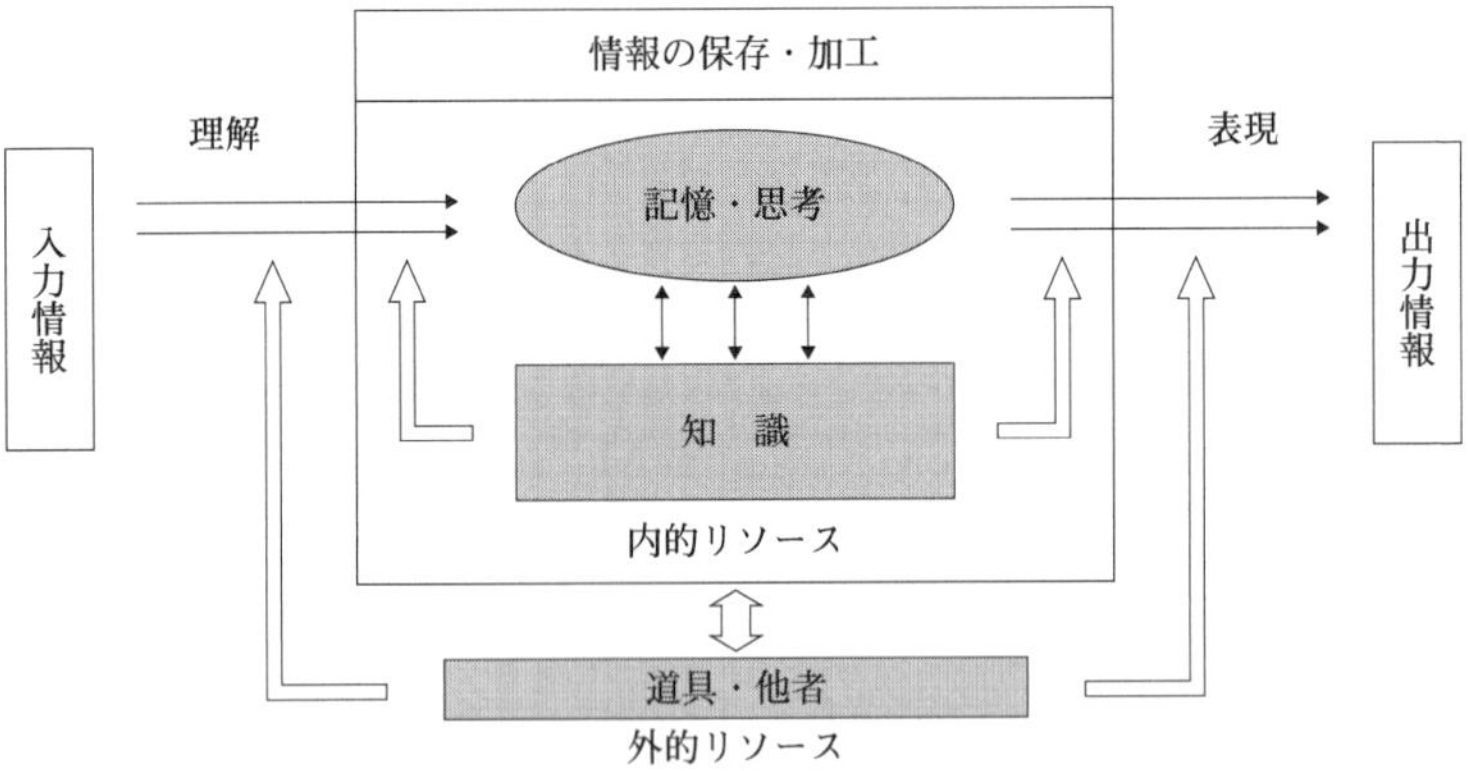

図１　人間の情報処理についての認知心理学的モデル

認知モデルから見た学力

表１のような学力の分類は、確かに、学力にはどのような側面があり、今何を議論しているのかを明確にするためには有用である。しかし、学力の要素間の関係やメカニズムについて言及しているわけではない。単なる分類を超えて、学力を構成する要素とその間の関係を記述したもの（いわゆる「理論」）を図式的に表現したものは、認知心理学ではしばしば「モデル」と呼ばれる。

図１は、認知心理学では一般的な、人間の情報処理過程のモデルである。認知心理学では、人間を一種の情報処理システムとみなし、そのしくみとはたらきをモデル化しようとする。認知心理学は、情報処理システムのアナロジーとしてしばしばコンピュータを用いているが、コンピュータと人間がまったく同じと考えているわけではない。コンピュータと人間の情報処理の違いがどこにあるかということこそが大きなテーマとなるのである。

とくに重要なのは、人間は、入力情報を取り入れる際に、既有の知識を使って、情報を理解して取り込むということである（市川・伊東、一九九六）。その点で、構造や意味を理解せずに丸ごと保存するテープレコーダーやビデオとは異なるし、コンピュータの処理としては、高度な意味処理を行う人工知能に近いといえる。すなわち、知識は、学習の成果であると同時に、さらなる知識を獲得したり、思考を働かせたり、表現したりするためのリソースとしての役割を与えられている。こうしたダイナミックなとらえ方は、「学んだ力としての学力」「学ぶ力としての学力」という分類を超えたものになっていると言えよう。

さらに図1では、外的リソースとしての他者や道具が位置づけられている。これらは、日常的な人間の学習行動を支えるものでありながら、十分注目されてこなかったことでもある。従来ややもすると、学校での教科の学習は、紙と鉛筆と自分の頭だけを頼りにペーパーテストで好成績をあげることを目標としているようなところはなかっただろうか。そうした反省も含め、他者や道具をリソースとして活用しながら知的行動を行うという、ごく自然な学習のあり方が学校でも見直され、協同学習やツールの活用に関する認知心理学的な研究もそこに寄与している（三宅、二〇〇四参照）。

また、近年とりわけ着目されているのは、学習スキルや学習ストラテジーと呼ばれるような学習のしかた、あるいは、自分の理解状態を客体的にとらえて、診断したり改善したりするような「メタ認知（metacognition）」の能力である。小学校高学年くらいから、学習内容が高度になり、しかも量的にも増えてくると、反復による習熟だけでは、学習がうまくすすまなくなり、ある程度意図的に、自分の学習を自己制御していく必要がある。ここで自己制御というときには、他者や道具との関わりを自分で意図的に調整していくような力も視野にはいってくる（三宮、二〇〇八参照）。

こうしてみると、図1は認知心理学で使われるごく一般的なモデルではあるが、これが、一つの学力構造論を提供しているともいえる。認知心理学の情報処理モデルは、人間の内的な情報処理過程に着目しているため、個人内の情報処理を記述するための概念や用語を豊富にもっている。それらの多くは、コンピュータ科学、とりわけ人工知能研究と共有されている。このモデルに沿って、たとえばコンピュータ・プログラムとして表現されるようなシミュレーションモデルをつくる試みも認知心理学では多くなされてきた（安西・佐伯・無藤、一九八一）。

もちろん、これで十分に人間の学習を説明しているというわけではない。ミクロなモデルへと展開する一方、学級、学校、社会的共同体などの学習行動をとらえるときには、このモデルでは視野にはいってこない概念的枠組みが必要になるだろう。モデルというものは、多かれ少なかれ、守備範囲というものがあり、長所と短所をもっていることは否めない。しかし、その守備範囲の中でより有効なモデルにしていくことで、その役割を果たすことができ、他のモデルと併用することで学習や学力に対する理解の深まりと広がりが出てくるものと思われる。

2 認知心理学から見た習得型授業——「教えて考えさせる授業」の提案

「教えて考えさせる授業」の背景

上述した認知モデルから見ると、人間の知的行動において、知識は大きな役割を担っている。知識・技能というのは、学習の目標であると同時に、人間の学習を支える手段ともなっているのである。すると、「知識と思考力とどちらが大切か」といった問いは、それ自体かなり不適切な問いであることになる。人間の思考とは、データにあたる事実や概念に関する知識と、それを活用して問題解決をするための手続きやルールに関する知識によって担われていると考えるからである。知識を抜きにした思考はおよそ考えられない。ところが、一九九〇年代の教育改革の動きを見ていると、「新しい学力観」というスローガンがかなり歪められて伝わり、教師が基礎・基本となる事項を教えることがもはや古い教育であるかのようにとらえられてしまったふしがある。

とくに、小学校では、「教師はあまり教えずに、子どもに考えさせるのがよい授業である」と見なされるようになり、教師がていねいに説明するという場面が極端に減ってしまった。このように教師からの説明を極力抑え、自力発見や協同解決を促す授業を、「教えずに考えさせる授業」と呼ぼう。とりわけ、「問題解決型の教科」と言われる算数や理科などではこうした傾向が強かったように見受けられる。現在でも、指導書や公開研究で紹介される授業は、そうした方針で組み立てられていることが多い。

ところが、実際には、多様な児童・生徒の混在するクラスの中で、教師がほとんど教えずに新しい学習事項を発見的に学ばせようとする授業は、まずうまくいかない。一方では塾や予習で先取り学習をしている子どもがおり、学校の授業は退屈で魅力のないものとなる。他方では、自力発見といっても考えあぐねてしまったり、討論にとてもついていけなかったりする子どもがおり、授業とは、わからないことが蓄積していく場となってしまうのである。

「教えずに考えさせる授業」では、基礎学力が定着しないばかりか、問題解決や討論がごく一部の子どもだけのものになってしまう、と感じていた教師は多いはずである。ところが、「ゆとり教育」「子ども中心」「指導より支援」といった教育界の風潮の中で、それが言い出せなかったという声を今になってよく耳にする。そこに、「学力低下」の声が上がると、今度は一気に、百マス計算に代表されるような、反復習熟による基礎の徹底にはしる学校も出てくる。こうなるとまた、「新しい学力観」どころではなくなってしまう。

振り子のように揺れ動くと言われる教育界の中で、今回の学習指導要領の改訂には、「ゆとりか詰め込みか」といった二者択一の議論を超えて、調和のとれた教育を実現したいという思いが込められている。基礎・基本の習得と、そこで得た知識技能を活用し、自らの興味関心に沿って探究する活動を、車の両輪として実現したいということである。すなわち、学校での学習について言えば、「予習—授業—復習」を通じて既存の知識や技能を身に付けるという「習得サイクルの学習」と、自らのテーマに沿って問題を追究する「探究サイクルの学習」のバランスをどのようにとり、それらを有機的に関わらせていくかということこそが重要な課題になる（図2）。

探究サイクルの学習においては、課題追究の過程で学習者に試行錯誤させながら教えていくような授業もあってよいだろう。また、習得と探究のどちらを先に行うかということについても、柔軟に考

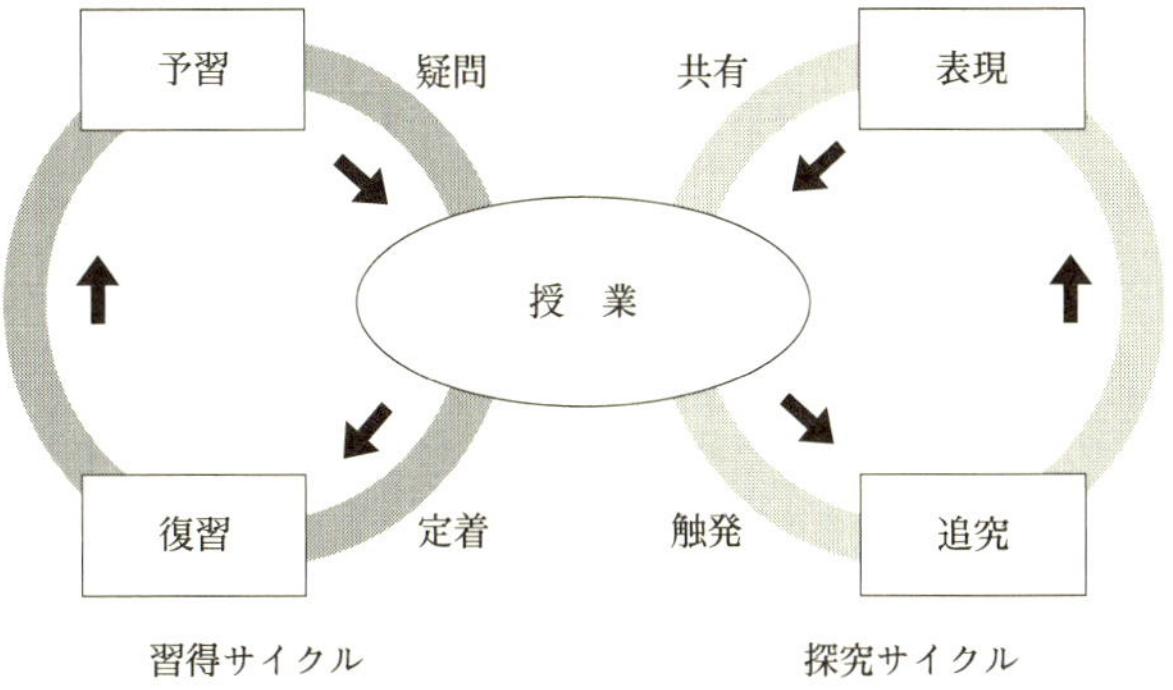

図 2　学習の 2 サイクルのバランスとリンク

えてよい。「習得を十分行うまで、探究的な活動は行うべきでない」というつもりは毛頭ない。むしろ、探究的な学習を行う過程で、あらためて基礎基本の大切さを実感し、習得サイクルに戻ってくるという「基礎に降りていく学び」がもっと学校教育の中に取り入れられてよいはずである（市川、二〇〇四）。しかし、こと習得の学習においては、導入部から自力発見、協同解決を促し、帰納的に知識を獲得させようという「教えずに考えさせる授業」は、およそ現実的ではない。

一九九〇年代の教育界の混乱の一つは、「習得」と「探究」ということを区別せずに、本来ならすべての児童・生徒に習得させたい基礎・基本を、探究型のやり方で獲得させようとしすぎたことにあると思われる。それが、「教科書に導入として出ているようなことを、教科書を閉じて考えるよう促す」という授業方法に現れている。すると、塾などで先取り学習をしている子どもには退屈で、逆に、内容を知らない子はとても自力で考えられず、討論にもついていけないという事態が生じる。時間が足りなくなり、定着ができないばかりか、活用や探究の時間などとてもとれなくなってしまうのである。

「教えて考えさせる授業」の提案

筆者は、現行の学習指導要領の実施を控えた二〇〇一年暮れごろから、「教えずに考えさせる授業」と対比する形で、「教えて考えさせる授業」の大切さを教育雑誌や講演などで訴えるようになった。この主張が、算数や理科の教育研究者や実践家にはかなり違和感をもたれるであろうことは承知していた。「教える」とか「知識」という言葉に過度のアレルギーがあることもある。しかし、その趣旨を聞き、授業実践をビデオなどで見ていただければ、納得してもらえることがむしろ多いのである。

「教えて考えさせる授業」では、教科書を開けば出ているような基本事項は教師から共通に教え、子どもどうしの相互説明や教え合い活動などを通じて理解の確認をはかる。その上でさらに理解を深める課題によって問題解決や討論などを行い、授業の最後には、今日の授業でわかったこと、わからないことを自己評価として記述させる。図3は、「教えて考えさせる授業」の授業の基本的な流れを、図示したものである。

「教えて考えさせる授業」は、「わかる授業」「子どもが充実感を感じられる授業」をめざして提案されたものである。そして、その背景には、認知心理学的な理論と、個別学習相談の実践研究（市川、一九九三、一九九八）がある。すると、必然的に、次のような教授・学習活動が大切にされる（市川、二〇〇八）。

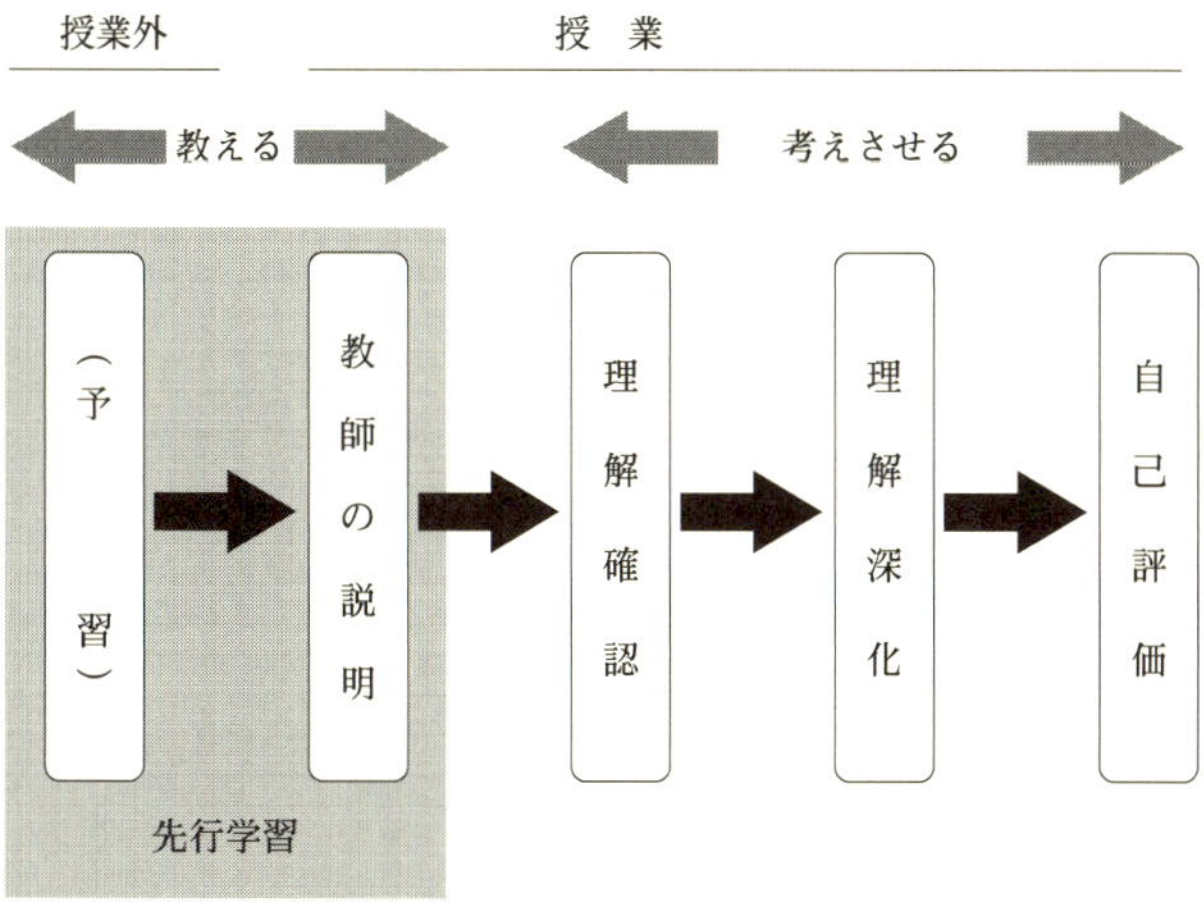

図 3　「教えて考えさせる授業」の基本的な流れ

・「教える」の部分では，教材，教具，操作活動などを工夫したわかりやすい教え方をこころがける。また，教師主導で説明するにしても，子どもたちと対話したり，ときおり発言や挙手を通じて理解状態をモニターしたりする姿勢をもつ。

・「考えさせる」の第一ステップとして，「教科書や教師の説明したことが理解できているか」を確認するため，子ども同士の説明活動や教えあい活動を入れる。これは，問題を解いているわけではないが，考える活動として重視する。

・「考えさせる」の第二ステップとして，いわゆる問題解決部分があるが，ここは，「理解深化課題」として，多くの子どもが誤解していそうな問題や，教えられたことを使って考えさせる発展的な課題を用意する。小グループによる協同的問題解決場面により，参加意識を高め，コミュニケーションを促したい。

・「考えさせる」の第三ステップとして、「授業でわかったこと」「まだよくわからないこと」を記述させたり、「質問カード」によって、疑問を提出することを促す。子どものメタ認知を促すとともに、教師が授業をどう展開していくかを考えるのに活用する。

こうした授業展開は、むしろ「オーソドックス」と言ってもさしつかえないものだ。「知識があってこそ人間はものを考えることができること」。「学習の過程とは与えられた情報を理解して取り入れることと、それをもとに自ら推論したり発見したりしていくことの両方からなること」。認知心理学を基盤として学習・教育研究をしている私たちにとって、これはもっとも基本的な考え方である。そこから見ると、「教えずに考えさせる授業」をよいものとする一九九〇年代の教育界の動向がいかに奇異なものに見えたかはおわかりいただけるのではないかと思う。

さらに、「教師から教わる」という部分が「授業の前に教科書などで下調べをしてくる」となれば、これがすなわち「予習」になる。教師から教わるにしても、予習をしてくるにしても、「本学習」の前に準備的な学習を行うことになるわけだが、これを鏑木(二〇〇七)は「先行学習」と呼んでいる。「先行学習」の命名は認知心理学でいう「先行オーガナイザー」に由来するが、あらかじめ、予備知識をもつことで、それが枠組みや核となって、後続の学習期における情報が理解されやすくなり、定着するということを指している。

なお、「教えて考えさせる授業」では、授業でも家庭学習でも、子どもたちが共通して使えるリソースとして教科書を活用することを重視している。ところが、教科書を使うというと、「教科書べったりの授業」と批判する向きがある。実は、教科書を使わずに、教科書を開けば出ていることを、「科学者の追体験」などと称して形の上で発見させようとする授業こそ、「教科書どまりの授業」ではないかと思う。それは、知っている子にはつまらないし、一方では教科書レベルの知識すら身につかない子どもを生み出すリスクを負っている。これからの学校では、「先に教科書を読まれると困る」という授業ではなく、「教科書を活用して、教科書をこえる授業」こそ展開してほしい。「教えて考えさせる授業」はまさにそういう授業をめざしている。

「教えて考えさせる授業」の受けとめ方

「教えて考えさせる授業」は、一九九〇年代の行き過ぎた教育方針にバランスを取り戻そうという「ごく自然な、あたりまえの提案」の一つである。理解と定着を促すオーソドックスな授業形態であり、その意味では教師に名人芸的な技量を求めなくても、ある程度の学習効果が期待できる。その一方では、課題や展開に工夫を凝らせば、感動的でかつ高度な授業にもなるという奥深さを秘めているのである。

しかし、単純化された表現にしてしまったために、誤解や反発を招きやすいことも確かである。とくに、「教えて考えさせる教育」（中教審答申『義務教育の構造改革』、二〇〇五年一〇月）、「教えて考えさせる指導」（中教審教育課程部会審議のまとめ、二〇〇七年一一月、中教審答申『幼稚園、小学校、中学校、高等学校及び特別支援学校の学習指導要領等の改善について』、二〇〇八年一月）というフレーズとして使われたことにより、用語だけが一人歩きして、その趣旨が十分理解されないまま、広まっているようにも見受けられる。

まず、「教える」が習得サイクルで、「考えさせる」が探究サイクルなのだと対応させる誤解がある。すなわち、「習得サイクルでしっかり教えて基礎基本を身に付けてから探究サイクルの学習をするべきだ」という主張だととらえてしまうのであろう。前述したように、筆者は、探究活動を行う中から、必要感を感じて基礎基本の習得に戻ってくるという「基礎に降りていく学び」がむしろ学校教育場面で取り入れられてよいということを主張してきたくらいである。また、習得サイクルの学習だからといって、「教える」一辺倒でよいわけはない。

「教えて考えさせる」というのは、習得型の授業の原則論として提唱されていることは強調する必要があろう。もちろん、あくまでも「原則」であるから、常にそうするべきだというのではない。児童生徒の実態、教科や単元の性質、教師の力量などによって、臨機応変に選択していくことが望ましい。さらに、探究型の授業では「教えながら考えさせる」「考えさせてから教える」など多様なやり方があって然るべきだろう。「教えて考えさせる授業」のワンパターンを推奨しているわけではない。しかし、習得型の授業としては、どういう形態を基調にするかと聞かれれば、迷わずに「教えて考えさせる授業」と答えたい。

「教えて考えさせる授業」は、問題解決学習や討論を否定するものだととらえる向きもある。これは最大の誤解の一つである。「教えて考えさせる授業」は、より有効な問題解決学習、より多くの児童・生徒が参加できる討論を行うための一つの手段と考えるべきだ。「確かな学力育成会議」の提言（二〇〇四年三月）でいち早く「教えて考えさせる授業」を取り入れた静岡県でも、教育委員会指導部や学校の一部では当初そうした受け止め方が見られた。その後、静岡県では、「すべての子どもを学びのステージにあげる」というフレーズのもと、「教えて考えさせる授業」をそのための方策と位置づけている。

同様に、「先に教えてしまうと、生の自然体験、実験・観察などを軽視することになる」という反発もよくある。「教えて考えさせる授業」は、体験、実験・観察をより楽しく有意義なものにするために行うのである。これは、さまざまな実践報告を見ていただければ自ずから明らかになるだろう。今後さらに実践と研究が積み重ねられ、学力の定着、発展的課題の遂行、学習への意欲の高まりといった側面からその有効性が検討されていくことが望まれる。

もう一つ、「教えて考えさせる授業」に「賛成」という人によくある誤解がある。それは、「教える場面」と「考えさせる場面」さえつくれば、「教えて考えさせる授業」になるという誤解である。そうした授業は、教師が一方的な説明を行って、「教えた」こととし、問題を与えて解かせれば、「考えさせた」ということにしてしまう。これでは、前半にも後半にも、「わからない授業」を経験するだけに終わってしまうかもしれない。教えたことが伝わったのかの理解確認活動や、問題解決を有効に行うための協同学習や自己評価活動などをぜひ入れていただきたいと思う。

3　認知心理学に基づく学力・学習力診断テスト——COMPASSの開発と利用

COMPASS開発の背景

認知心理学を理論的基盤としつつ、我々は、「認知カウンセリング」と自称している実践的研究活動を研究室として行ってきた。認知カウンセリングというのは、カウンセリングの認知版であり、授業がわからないとか、家庭学習上のつまずきがあるという児童・生徒に個別的に相談、あるいは指導をするということである（市川、一九九三、一九九八）。地域の子どもたちを対象にして教科学習の支援を行うというこの活動は、一九八九年から行われている。

そこでは、いろいろな学習者のつまずきに関する知見が得られる。カウンセラーが受けもったケースは、ケース検討会で報告し、どのようなつまずきが見られたか、それに対してどのような相談・指導をしたのか、それは効果があったのかなかったのか、うまくいったとすれば、それはなぜか、うまくいかなかったとすれば、それはなぜか、さらに、どのような指導法にしていけばよいのかということを検討していく。

こうした相談経験を生かした学力・学習力の診断テストはできないだろうかという動機から、東京大学教育学研究科の二一世紀COEのプロジェクトがスタートしたときに、COMPASSというテストを開発することになった。COMPASSというのは、Componential Assessment の略であり、

・数学の基礎用語・概念の理解の欠如
・非効率的な計算手続きの固着
・問題解決方略
・家庭での学習方法
・数学に対する学習動機　など

これらの問題点を診断できるテストの開発

↓

学習の改善に活用

図4　認知カウンセリング（個別学習相談）でよく見られる学習上の問題点

数学力の構成要素を考え、それを診断していこうというアプローチである。それを学力向上に結び付けたいというのが開発プロジェクトのねらいということになる。

認知カウンセリングという個別学習相談をやっていて、どのようなことが問題として浮かび上がってきたかということを図4にいくつか挙げてみた。まず、数学の基礎用語とか概念がよくわかっていないということがある。例えば「倍数」というのはどういうものか、「関数」というのはどういうものかというような数学的な概念が非常にあやふやである。これらは、教科書を開けば必ず書いてあることだが、そもそも数学で教科書を読むという学習習慣がほとんどない生徒が多く見られる。

それから、計算でも非常に非効率的な計算手続きが固着してしまっていることがある。例えば、分数×分数の計算をするときに、斜めに約分できるところは先に約分してしまえばよいのだが、分子×分子と分母×分母を計算して、大きな数にしてから約分を始めるという生徒もいる。結果的に、遅くて、しかも間違いは多くなる。中学生にもなると、そうしたことを教師はなかなか指摘してくれない。本人はそのやり方が当然のことだと思っており、自分は計算が遅いということで悩んでいるというケースが見られる。

また、家でどうやって学習したらいいかがよくわからないという生徒は極めて多い。勉強していないわけではないが、どうも効果が現れず、「こんなやり方でいいのだろうか」ということで悩んでいるケースである。また、数学に対する学習動機の問題もある。単に学習動機が高い低いというだけではなくて、自分は何のために数学あるいは算数を学んでいるのかという目的意識が、子どもによって非常に異なる。学年が進んでしだいに抽象的で難しくなってくると、何のためにこういう勉強をやっているのかわからず、どうもやる気が出ないということになりがちである。

学習上の問題をいくつか挙げたが、それらを診断できるアセスメントテストを作成し、それぞれの学習者の学習改善に生かしたいというのがCOMPASS開発のねらいということになる。確かに、認知カウンセリングという個別相談の場面では、カウンセラーが学習者の問題解決プロセスを間近でモニターしたり、学習動機や家での学習方法などを面談で聞いたりしやすい。それを少しでもペーパーテストや質問紙の形で把握できないか、それによって、個別指導の際に、前もってアセスメントできき、クラスや学校全体の子どもの学力・学習力を広く診断することが可能になるのではないか、と考えたわけである。

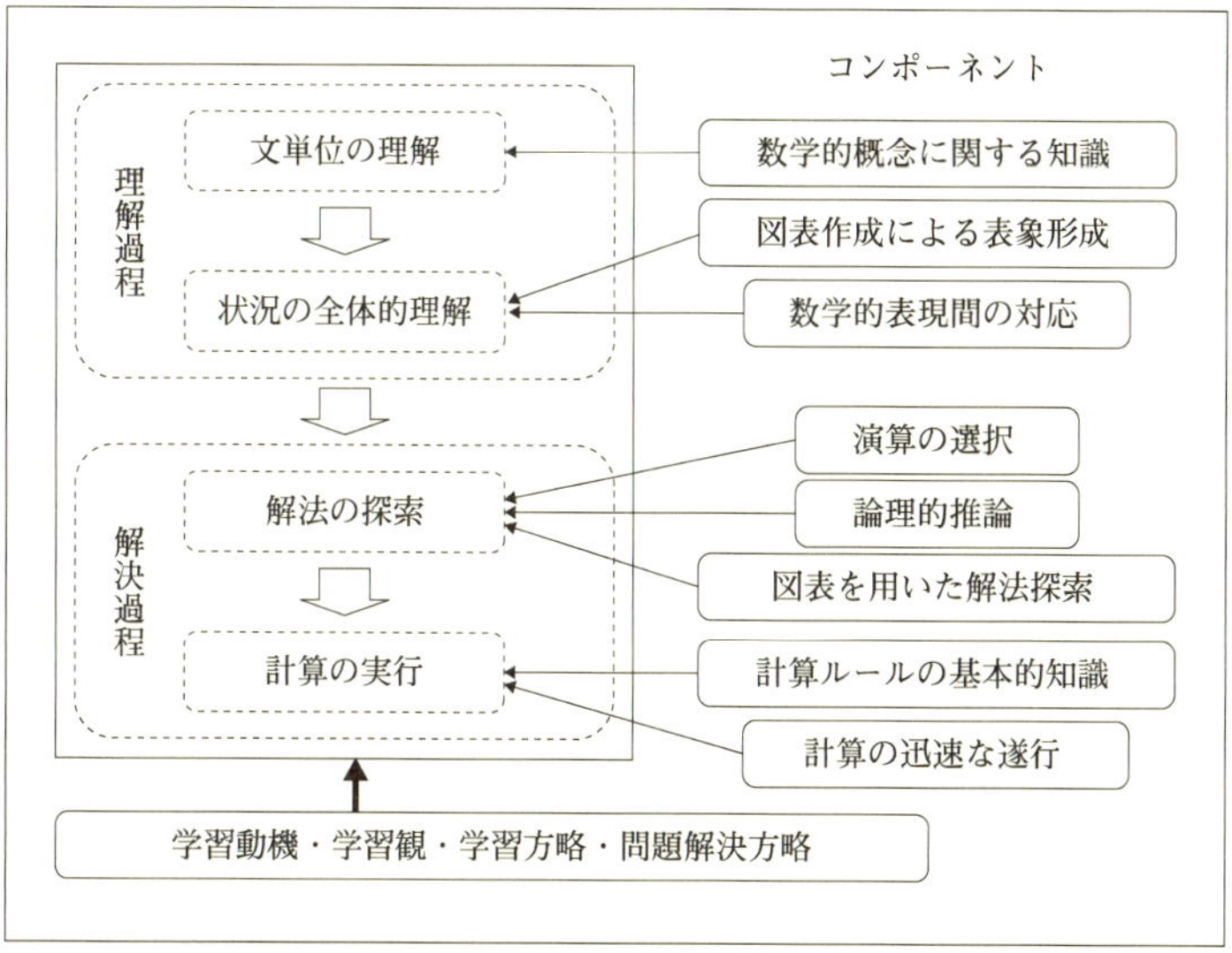

図 5　数学の問題解決過程とコンポーネント

数学の問題解決過程について、認知心理学では一九八〇年ごろからかなり研究されてきている。図5にあるように、COMPASSは、生徒の学力の診断上有効と思われる問題を、認知心理学の問題解決モデルに沿って配列している。右にあるのがコンポーネントと呼んでいるもので、一連の問題解決プロセスにどういう要素があるかを挙げている。

学習者は、問題文を理解するということから問題解決を始める。図5の一番上には「文単位の理解」とある。文ごとにいったいどういう意味なのかということを理解していく。そのときに数学で使われる用語や概念がわかっていないと、そもそも問題文が何を言っているのか、意味がわからない。倍数、逆数、比例、関数、……といった数学に関する用語・概念の把握を問うことになる。

いちおう文単位で理解したあとに、問題全体としていったいどんな状況を表しているのか。それを全体的に理解する。そのために問題状況を図表にしてみて、イメージをしっかりもつとか、あるいはグラフといった数学的表現を使う場合もあろう。数学で使われる、グラフ、数表、式などの数学的表現間の対応が取れていないと、数学的な意味での表象がなかなかできない。

いま挙げた二つが問題を理解するというプロセスになる。その下に今度は解法を探索して実際に計算を実行していくというプロセスがある。解法の探索では、まず定型的な問題に対してはかなり自動的に演算を選択するということができるようになっていてほしい。例えば速さの問題とか割合の問題とか、算数の問題の中でも定石とされる問題がある。何を何で割ればいいのか、何と何をかければいいのかということがすぐにできるようになっていなくてはならない。ところが、ここでつまずいてしまう子どもが少なくない。少し難しい問題になると、自動的にはできないので、論理的な推論を働かせる必要がある。また、図表を用いて書き込みなどをしながら解を探索するという要素が入ってくる。

なんとか立式ができれば、あとは計算ということになるが、ここで計算ルールが身に付いているかどうかが問題になる。また、計算ルールがわかっているというだけではなく、迅速に遂行できるかどうかということが実用上は重要である。簡単な計算が素早くできないと、式はできたけれども答えがなかなか出ないということになり、これも一つのつまずきになる。さらに、迅速というのは、ただ機械的に単純計算を速くすればいいというだけではなく、工夫して計算するということもある。少し工夫をすれば、二、三秒でいいやり方を思い付くようなことでも、いきなり筆算で解くということが習

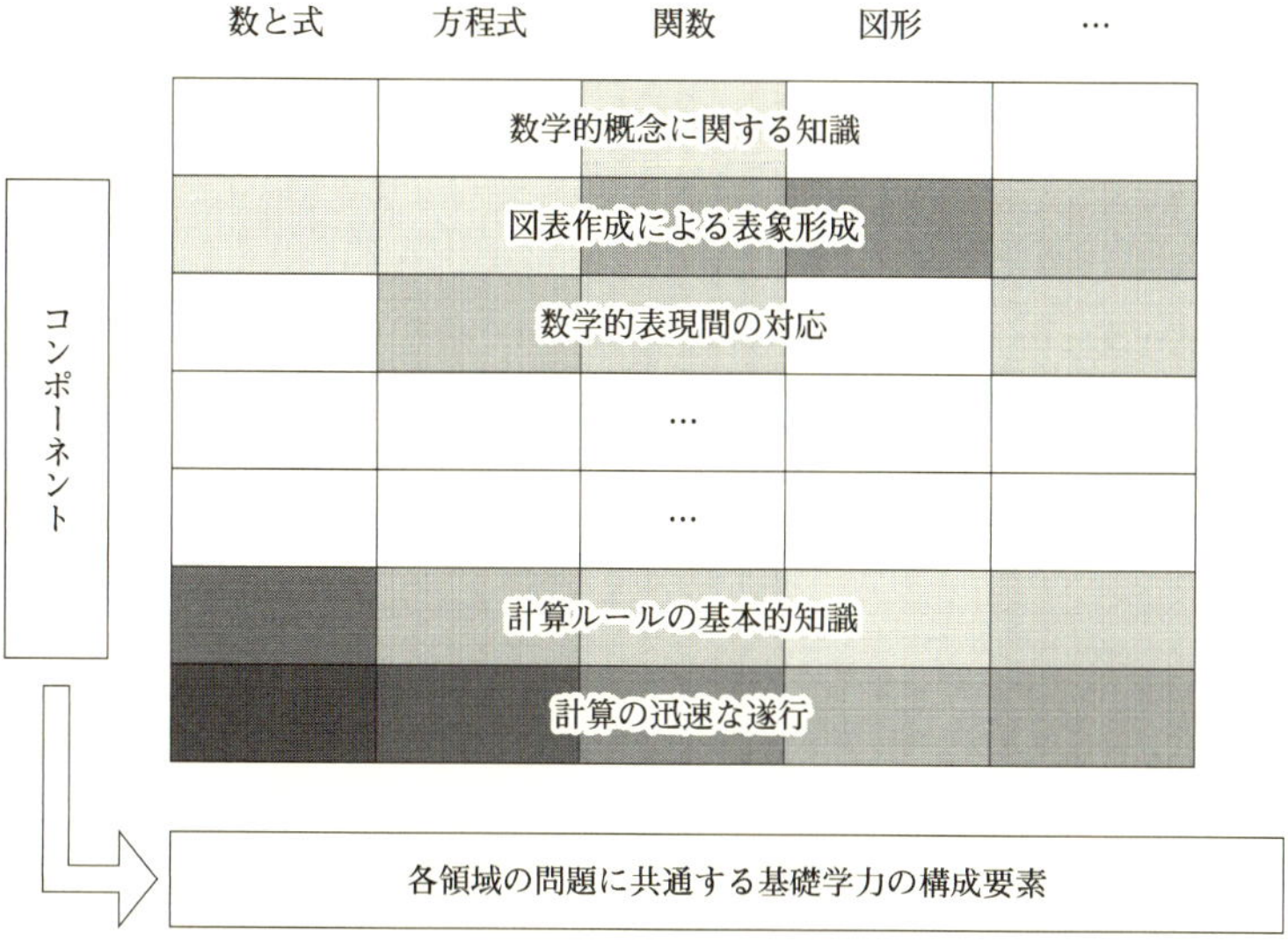

図6　数学の各領域とコンポーネント

慣になってしまって、かえって時間がかかって、しかも間違えやすくなるということも、認知カウンセリングのケースで前述したとおりである。

COMPASSでは、このような一連のコンポーネントを診断していきたい。なお、学習行動全体について、図5の下方に書いた質問紙がある（市川、一九九八参照）。「学習動機」とは、数学を学ぶ動機、すなわち、その理由や目的感を問うものである。「学習観」とは、学習はいったいどうすればうまく進むのか、どんなやり方で勉強すればいいと思っているのか、というような学習のしくみとかやり方に対する考え方を指す。「学習方略」は、実際にどんな方法を使って勉強しているかを問うものである。そして、問題を目の前にしたときにどんなやり方で解いていくかという、「問題解決方略」も質問紙で聞いていく。

図6は、コンポーネントを少し違う表現で表している。数と式、方程式、関数、図形などが、数学では領域と言われているものだ。コンポーネントというのは、むしろそのような領域を横断的に見たものである。数学的概念に関する知識とは、図形領域では、例えば「平行四辺形というのはどういうものか」がきちんと概念的にわかっているかどうか、ということになる。同じことは数と式の領域でも、「公倍数とはどういうものか」、「逆数とはどういうものか」などとして出てくる。

こうした数学的な用語、概念をしっかり身に付けようという姿勢がない場合には、いろいろな領域でつまずきが起こってくる。図表を作成するとか、数学的表現間の対応がとれているかということも、いろいろな領域の問題を解くときにかかわってくる。このような横断的な構成要素をコンポーネントと呼んでいることになる。ただし、どの領域でどのコンポーネントがよく使われるかは異なってくる。セルの濃淡はこの違いを表している。従来の数学テストが領域ごとに得点を出すというフィードバックをしていたのと比べると、COMPASSの特徴がわかりやすいであろう。

テスト課題の構成と実施方法の特徴

表2に沿って、テスト課題の概略を説明しよう。

概念判断——「正三角形では三つの角の大きさが等しくなっています」というような数学的概念に関する基礎的な命題に対して、それが正しいかどうかを問う問題である。また、命題の真偽だけでな

表 2　COMPASS のテスト課題

問題解決過程		コンポーネント	テスト課題
理解過程	文単位の理解	数学的概念に関する知識	・数学用語・概念の正誤判断
			・数学用語・概念の説明
	状況の全体的理解	図表作成による表象形成	・統合的表象の形成における図や表の利用
		数学的表現間の対応	・グラフ，図形記号，式などの理解と表現
解決過程	解法の探索	演算の選択	・定型的な基本文章題
		論理的推論	・論理的命題の真偽判断
		図表を用いた解法探索	・解法の探索における図や表の利用
	計算の実行	計算ルールの基本的知識	・基本的四則演算
			・小数・分数の計算
			・正負の数の計算
			・文字式の計算
		計算の迅速な遂行	・単純速算
			・工夫速算

く、その答えに強い自信があるか、あまり自信がないかという確信度の評定もしてもらう。

数学的概念の説明課題――これは中学生用の課題で、「約数とは何か」、「反比例とは何か」というような基本的概念の理解を見るために、数学用語について、その意味と具体例を挙げるという設問である。

問題理解のための図表作成――状況を全体的に理解するために、まず図表を自発的に作ってみるかどうかを見る課題である。図表を書けば、比較的簡単に答えの出せる問題になっている。

数学的表現間の対応――グラフ、表、図形記号などを理解したり、表現したりできるかを見る問題である。
定型的基本文章題――小学校の算数で出てくるような定型的な問題がすぐ着実に解けるかどうかを見る。
論理的推論――論理的な推論を要する命題がたくさん並んでおり、概念判断の課題のように、その命題が正しいかどうかを判断させ、同時に確信度を問う。
解法探索のための図表利用――解法を探索するときに、書き込みなどをしながら図や表を利用しているかどうかを見る。どのような図を描いているかは、評価基準によりチェックされる。
計算ルールの基本的知識――基本的な四則演算、小数、分数、正負の数、文字式などの計算問題で、あまりタイムプレッシャーはかけずに、正確に遂行できるかどうかを見る。
単純速算――四則の単純な計算問題が一定時間内にどれだけできるかで、計算速度を見る。
工夫速算――少し工夫をすれば簡単にできるが、筆算で解いていくと非常に遅くなってしまうような問題。やはり、一定時間内にいくつ解けるかで、速度を見る。
COMPASSの出題形式や実施の方法を従来の多くのテストと比較すると、表3のようになる。従来の学力テストは、内容領域別に出題するものが多い。それに対して、COMPASSは領域横断的に問題を出していく。また、COMPASSは、解決過程の要素を時間を細かく区切って出題し、

表3　従来の多くの学力テストとの比較

	従来の学力テスト	COMPASS
出題方式	内容領域別	領域横断的
評価対象	最終的な答案	解決過程の要素 日常の学習行動
実施形態	テスト全体としての 制限時間設定	課題ごとの 制限時間設定
フィードバック	解答の正誤 領域別得点	診断メッセージ 学習上のアドバイス

その時間内はその問題に専念してもらうというかたちで実施する。一般の学力テストのように、たとえばすべての問題を受験者に渡して四〇分間に全部解かせるというものではない。時間を限定することにより、それぞれのコンポーネントをより正確に測定しようとするのである。

通常は解答の正誤や領域別の得点をフィードバックするテストが多い。COMPASSでは、コンポーネントごとに、得点と段階評価（A～C）をフィードバックするが、いったいそれが何を意味しているのかという診断メッセージ、そして学習上のアドバイスを返すようにしている。学校には、学校全体およびクラスごとの得点分布状況、各児童・生徒の得点と段階の一覧表がフィードバックされる。これによって、学習改善、授業改善を図っていただくことがねらいである。

開発の現状と今後の予定

COMPASSは、小学五年生対象版と中学二年生対象版が最初に作成された。小学五年生版というのは、出題範囲は四年までの範囲である。学習指導要領や教科書でいえば、四年生以下の問題を五年生用として出していることになる。同様に、中学二年生対象版というのは、中一までの内容である。中学生版でも小学校レベルの問題ももちろん入っている。それらがきちんと解けるかどうかということも、診断のポイントとなる。その後、小学六年生対象版、中学一年生対象版が作成され、すでに実用段階にはいっている。なお、質問紙については当初から実施しているが、まだ十分な分析を行っておらず、現在その項目を改訂したりして改善を図っているところである。

実施方式については、「実施マニュアル」というものを作っている。これは学校の教員がすぐにマニュアルに沿ってやっていただけるようにという意図からであり、整備して改訂を重ね、ほぼ完成している。

採点については、現在での原則は、学校教員に自分の受けもっている児童・生徒の採点をしていただくということになっている。そのために「採点マニュアル」を作っている。当初は研究室でアルバイターを雇ったり、業者にも委託したりして採点を行っていたが、記述式問題が多いので大変なコストがかかった。しかも、コストをかけてこちらで採点し、学校の教員にただその結果をフィードバックするだけでは、あまり授業改善に結び付かない。むしろ授業改善を教員と一緒に考えていくためには、担任教員に採点していただくほうがよいということになった。さらにその後、採点結果を入力すれば、集計してメッセージとアドバイスを作成するようなシステムを開発して、ほぼ完成している。

マスコミでは、特色のあるテストということでCOMPASSが朝日新聞で取り上げられたり（二〇〇四年一二月二七日朝刊）、また、NHKの番組「おはよう日本」でCOMPASSとそれに基づいた学習指導が紹介されたことがある。小学校では約三〇校、中学校では十数校で実施されてきた。しかし、まだ学習改善や授業改善に直接生かされている例は少ない。そこで、我々は、COMPASSで診断されるような学力の要素を育成するための指導法開発に重点を移し、具体的にどのような授業を展開したらよいかを研究しつつある。認知心理学に沿った学力診断テストが、実際の指導に結びつき、基礎学力向上に寄与できるかどうかを検証していきたいと考えている。

参考文献

天野郁夫（一九八三）『試験の社会史——近代日本の試験・教育・社会』東京大学出版会。

安西祐一郎・佐伯胖・無藤隆（一九八一）『LISPで学ぶ認知心理学　1　学習』東京大学出版会。

市川伸一（編）（一九九三）『学習を支える認知カウンセリング——心理学と教育の新たな接点』ブレーン出版。

市川伸一（編）（一九九八）『認知カウンセリングから見た学習方法の相談と指導』ブレーン出版。

市川伸一（一九九九）「学力低下への対応と教育改革」中井（二〇〇一）所収。

市川伸一（二〇〇二）『学力低下論争』筑摩書房。

市川伸一・伊東裕司（編）（一九九六）『認知心理学を知る〈第三版〉』ブレーン出版。

市川伸一（二〇〇四）『学ぶ意欲とスキルを育てる——いま求められる学力向上策』小学館。

市川伸一（二〇〇八）『「教えて考えさせる授業」を創る——基礎基本の定着・深化・活用を促す「習得型」授業設計』図書文化。

勝田守一（一九七二）『人間形成と教育（勝田守一著作集4）』国土社。

鏑木良夫（二〇〇七）『教えて考えさせる先行学習で理科を大好きにする』学事出版。

苅谷剛彦（一九九九）「学力の危機と教育改革――大衆教育社会のエリート」『中央公論』八月号。

三宮真知子（編）（二〇〇八）『メタ認知――学習力を支える高次認知機能』北大路書房。

中井浩一（編）（二〇〇一）『論争・学力崩壊』中央公論新社。

広岡亮蔵（一九六八）『学力論（教育学著作集　第一巻）』明治図書出版。

藤澤伸介（二〇〇二）『ごまかし勉強（上・下）』新曜社。

三宅なほみ（二〇〇四）「コンピュータを利用した協調的な知識構成活動」杉江修治・関田一彦・安永悟・三宅なほみ（編）『大学授業を活性化する方法』玉川大学出版部、一四五―一八七頁。

7章　質の時代における学力形成

秋田喜代美

はじめに

小学校から中高等学校までの約一万三〇〇〇時間の授業での学習を通して、子どもたちは社会人になるための教養や技能としての学力を身につけていく。だが一方で、学習の過程においてつまずきを覚えることで、学習から離れ学力が低いと語られるようになる学業不振の子どもたちにとっては、学力面だけではなく、学校は居づらい場所となっている。それは、学習という行為自体を忌避させ、アイデンティティ形成、そしてその後の展望にまで大きな影を落とすことにもなる。PISAやTIMSS等の国際学力テスト結果をみても、日本での学校間差や子どもの間の格差や地域格差は拡大しており、公教育の場がすべての子ども達の学習に開かれた機会の平等性の保障を喪失し始めている。授業における学習過程の質を高めることで学力をつけるには、どのようなことが求められ、教育の平等はいかにして教室において可能となるだろうか。わが国の実態をみるならば学習の質を保証し学力をつけるための授業のあり方に関する考え方も、それを実現する実践や方法も一枚岩ではない。輻輳する実態を読み解き、これからの授業と学習過程の方向性を本章ではCOEでの調査研究結果と近年の学習科学を始めとする教授学習研究の動向から考えてみたい。

1 「質」の時代の改革の構図

教育改革の三本柱

国際化、知識高度化、情報化のうねりの中で、各国は学力形成のために、教育の質を向上させることを目的に、図1に示す三つの教育システムの構造変革の教育政策をうちだし教育投資を行なってきている(図1)。

第一は、教育内容としての教育課程(カリキュラム)を、二一世紀知識基盤社会に求められる知識や発展するIT技術や学習内容に対応できるよう充実改善する改革である。第二は、その急速に変化する内容に対応し、子ども達を教えていく教員の資質向上、高度専門性確立のための養成や現職研修システム構築の改革である。そして第三は、第一、第二を受け、教育政策や投資の効果を捉え向上させていくための評価システムの構築である。その一つとして教育成果を測る学力テスト等による学習評価システム、地域における教育組織としての学校機能を評価する学校評価制度等の組織評価システムの改革がある。この三本柱のどの部分に規制をかけたり、あるいは大綱化し地方分権化していくのかには国により相違がある。この変動がグローバル化の中で急激に動いている。わが国においてもこ

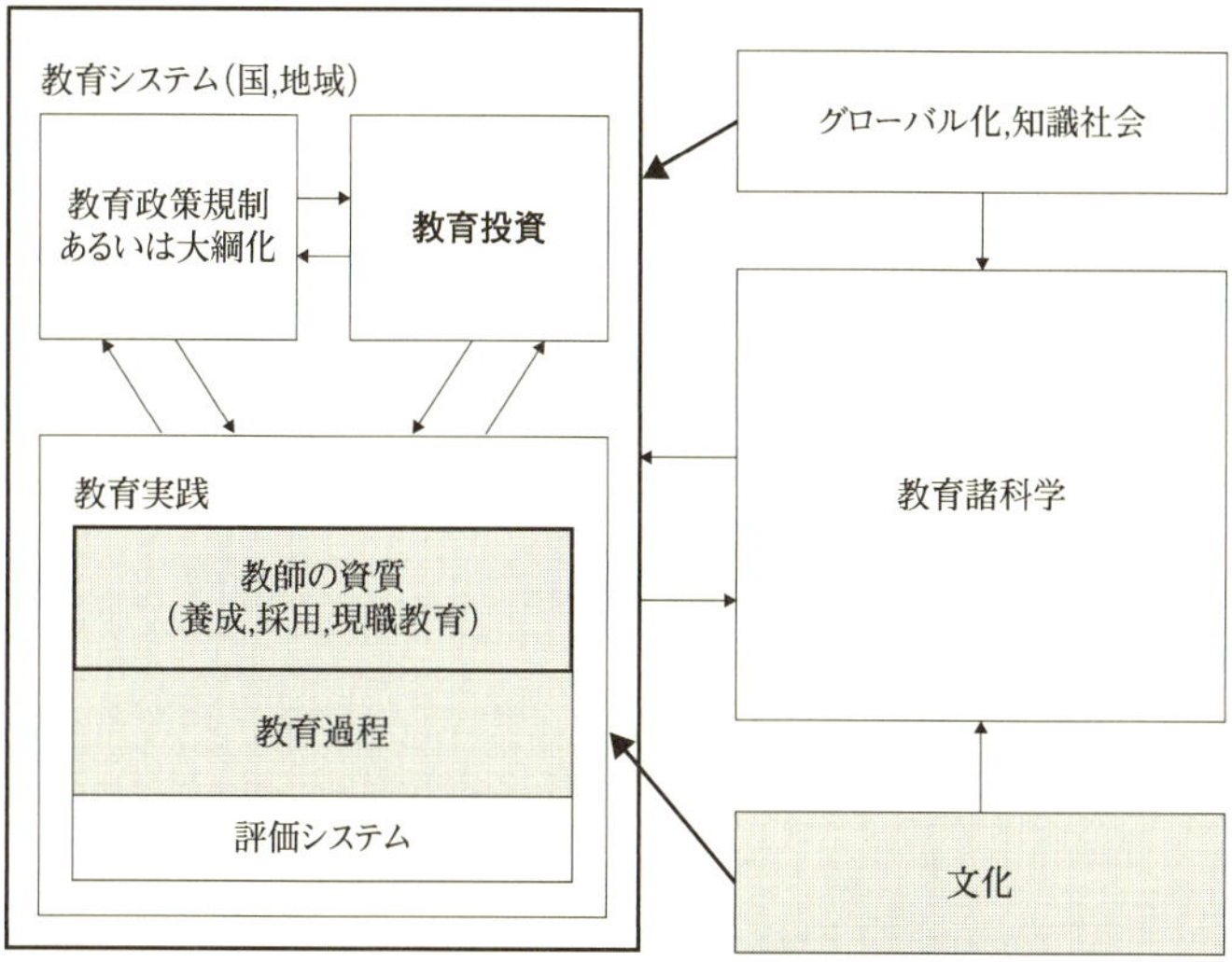

図１　教育制度改革をめぐる諸要因

の三つの教育制度の構造的改革に関する政策が、学習指導要領の改訂、教員免許更新制度の導入や研修体制、全国一斉学力テストの実施という形で実施されてきている。

現在語られている学力の問題は、子ども自身の学力の問題であると同時に、その学力形成を支える授業や学校の機能、それらを方向づける地方教育委員会や国の政策や財政というマクロな動きと切り離して語ることがこれまで以上に難しくなってきている。それだけ、生徒個人の能力や努力の問題や教師の熱意や力量に依存するだけではなく、制度的なマクロなサポートを必要とする構造となってきているからである。

また教育諸科学は政策や投資、教育実践に対してその方向性に影響を与え、また影響を受けて学問も変化し相互に発展する関係に本来あるべきものである。欧米においては、この関係は保たれている。だが、現在のわが国では学校教育に関わる諸科学やその研究者コミュニティである学会が、教育政策を方向づけていく理論やその根拠データを出す関係は必ずしも十分には機能しているとは言えない。戦後の体制を批判的に問う姿勢から、一部の学識経験者が教育政策改革を支持する政治の代弁者や補足的役割を担う関係へ転じてきているとみることもできるだろう。そこに、学力形成に関わるわが国の現代教育学の課題があるともいえる。この意味で学力形成に関わる問題は、日本の教育諸科学の研究者や学会が現在の学校教育にいかなる知見や方法を提供できているか、あるいはできていないかを示すものであるともいえる。

教育の「質」の議論——質の次元

学力は、成果の質を子ども達に問う議論である。学力は、教育の質の向上によって高められることが想定されている。そこでの教育の「質」の向上を考えるという時に、どのような方向性を授業等で学校がめざすのかという「教育の方向性の質」、それを支えるためにどのような構造やシステムを学習において作り出すのかという「構造の質」、そしてその教育の過程を具体的にどのように捉えるのかという「過程の質」、そして成果としてどのような状況にあるのかという「成果の質」という四つのセットの連動で捉えることができる（図2）。

「教育の方向性の質」——より深い理解と適応的な学習者育成への志向性

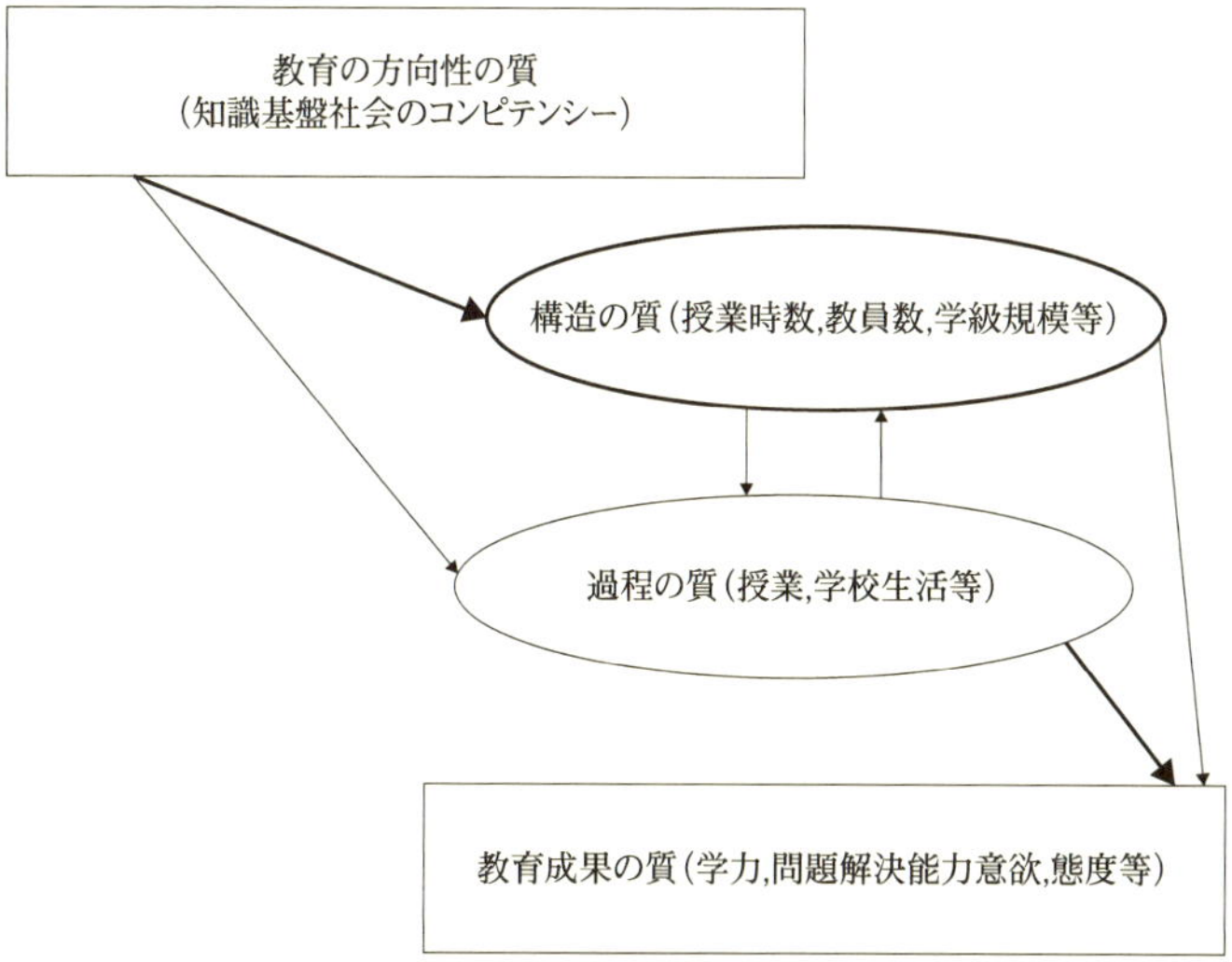

図 2　教育の質の次元

教育の方向性として、知識基盤社会におけるキーコンピテンシーの育成という志向性は、ポスト産業主義の国際社会において、ある意味で共有されてきているといってよい。キーコンピテンシーは知識や技能だけではなく、それらを含む心理・社会的リソースを活用して特定の文脈の中での複雑な要求（課題）に応じることができるような、「変化」「複雑性」「相互依存」に特徴づけられる世界に対応できる能力として考えられている（ライチェン他、二〇〇六）。

ＯＥＣＤが提唱する三つのコンピテンシー、①社会・文化的技術的ツールを相互作用的に活用する能力（言語、シンボル、テクストを活用する力、知識や情報を活用する力、テクノロジーを活用する能力）、②多様な社会グループにおける人間関係形成能力（他人と円滑に人間関係を構築する能力、協調する能力、利害の対立を御し、解決する能力)、③自律的に行動する能力（大局的に行動する能力、人生設計や個人の計画を作り実行する能力、権利、利害、責任、限界、ニーズを表明する能力）が、社会に出て行く学校卒業の出口において求められている。そして公教育であるからこそ、この三つのコンピテンシーを授業で育てていく方向性が志向されているといえる。塾等においても①の能力の中の、テクストやIT等特定のスキルを部分的に育成することはできるだろう。しかし他者との協調の中で計画実行していく②や③の力を含む教育は、学級という集団で、授業や生活により公的に教育する学校という制度的な場でこそ、育てることが期待されてきていると言える。

この知識社会における人の育成という動きに呼応するように、学習過程を考える認知心理学や学習科学、教育心理学においても、事実と手順を身につけるだけでは不十分であり、実際の社会に転移可能なより有用な形で事実や手続きを学ぶためのより深い概念的理解、継続的に新たな知識を発展させていくことのできる能力の育成をめざしている（Sawyer, 2006）。状況に応じて、適応的（adaptive）に他者や道具を活用して協働し、主体的に学び、新たなことが創造できる能力の育成である。

そしてそのためには、教師の知識伝達による指導だけではなく、生徒が積極的に自らの知識を変容させ協働で知識を統合したり、構築し創造していく過程に参加できることが求められている。そのために、談話を通した生徒達の協働的な学習過程や既有知識を新たな情報と統合していく協働過程に目を向け、それらを外化、明示化できるようにし、深い学習過程を援助できる学習環境の形成、そのための足場かけの方法、そのためのデザインが議論されるようになってきている。インストラクショニズム（指導方法の検討とその重視）から、談話を通した協働的な知識構築やその場で生じる理解の過程が検討されるようになってきている（Sawyer, 2006；Scardamalia & Bereiter, 2006）。つまり、「より深い理解への学習」を志向し、短期的な習得だけではなく、より長期的な学習の視座から学習過程を捉えること（life span, long term）、環境リソースとしての道具や他者という、個人内だけではない（distributed）資源を有効に使用しながら、さまざまなつながりを知識間でつけること（connectedness）、新たな知識を共同構築していく過程（knowledge-building）として、学習を捉えること、すなわち個人の内的な側面だけではなく、コミュニティにおける協働過程として適応的に熟達化していく学習者への視点を提出している。知識の剝落現象と呼ばれるような、一度習得しても定着活用が不可能な知識ではなく、さまざまな状況で使いうる知識が、より長期的なスパンで求められている。学習は個人の頭の中で内的に行われ、知識は社会から個人に伝達分配され所有されるものであり観察不可能という発想を超える主張である。これからの知識基盤社会においては、知識は公的に作り出され修正刷新されていくものであり、他者によって分かち持たれ使用される知識構築過程である。それは公的な場で知識を協働で構築していくことが個人の学習や責任感を高めていくのであり、協働で学びあうことが知識という社会の文化資本を作り出し、さらに刷新していくと考えられている。

カリキュラムをこなすだけの轍をつけるだけの伝達学習としての授業ではなく、対話、状況への適応的熟達という学習の質が、学力形成においても国際的には求められてきている。表1に示すように、知識の性質を論じ、学習を考えていく視点である。いかに深く理解するのか、そのためにはいかに精

表1　深い学習対伝統的な教育実践 (Sawyer, 2006)

知識を深く学ぶ (認知科学の知見から)	伝統的な教室の実践 (インストラクショニズム)
・深い学習に必要なのは，学習者が新しいアイディアや概念を先行知識や先行経験と関係づけることである．	・学習者は，教材を自分たちが既に知っているものとは無関係なものとして扱う．
・深い学習に必要なのは，学習者が自らの知識を，相互に関係する概念システムと統合することである．	・学習者は，教材を相互に切り離された知識の断片として扱う．
・深い学習に必要なのは，学習者がパターンや基礎となる原則を探究することである．	・学習者は，事実を記憶し，手順を実行するのみで，理由について理解することがない．
・深い学習に必要なのは，学習者が新しいアイディアを評価し，それらを結論と結びつけることである．	・学習者は，教科書で出会ったものと異なる新しいアイディアを理解することを困難に感じる．
・深い学習に必要なのは，学習者が対話を通して知識が創造される過程を理解し，議論の中の論理を批判的に吟味することである．	・学習者は事実と手順を，全知全能の権威的存在から伝えられた静的な知識として扱う．
・深い学習に必要なのは，学習者が自身の理解と学習過程を省察することである．	・学習者は記憶するのみで，目的や自身の学習方略を省察することがない．

選し、統合的な知識を作るかが問題にされている（Brown & Bransford, 2000）。さまざまな学習リソースを使用しながら知識を統合して学ぶ学習観は、テストへと急ぐ単純反復練習の学習による量化主義、短時間で扱いやすい教材のパッケージ化、目標からさかのぼって考える分解的なスキル思想とは、授業において異なる学習過程を具現化し、違う学力観を示しているといえるだろう。

たとえばクラークとリン（Clark & Linn, 2003）は、これらの考え方に沿い、知識を統合した授業時数が長いカリキュラムと、断片的な知識の学習カリキュラムとの比較研究を行なっている。多肢選択課題のような精緻な理解を必要としないテストでは成績はいずれのカリキュラムでも変わらない。

しかし知識を統合して時間をかけたカリキュラムは、説明課題や数年後の定着において差異がみられることを明らかにしている（図3）。つまりテストをより長期的な定着と深い理解を可視化し測定できる課題にする必要性も、求められてきているのである。

この意味でどのような学習過程と成果としての学力、およびその測定に向かうのかという「教育の方向性の質」は、国際的にはある意味で一つの方向性へと向かってきている。だが国内でのマスコミ等での学力テスト結果に関する議論にみられるように、世論による学力形成の議論とはそれは必ずしも歩調を同じにしてはいない。つまり向かうべき学力の方向性、またその学力を培う授業の方向性の質の振り子は、わが国においては、国際社会の動きとはずれをもちつつ揺れ動いている現状にあるといえるだろう。

「構造の質」――量化主義で対応するわが国の改革

構造の質に関するわが国の教育改革の特徴の一つは、質の時代における量化主義授業観とハイピッチ改革にあるといえる。つまり、教育制度の構造の質に関して、政策や投資においては量化主義が質につながる政策としてうたれている。

小中学校ともに授業時数の一割増という増大が二〇〇七年八月に決まった。また学力を捉えるために全国一斉学力テストが二〇〇七年四月より実施された。そして二〇〇七年五月の学校教育法の改訂に伴って、幼稚園教育の学校教育における位置づけを変えることによって、幼小中高の教育課程の一

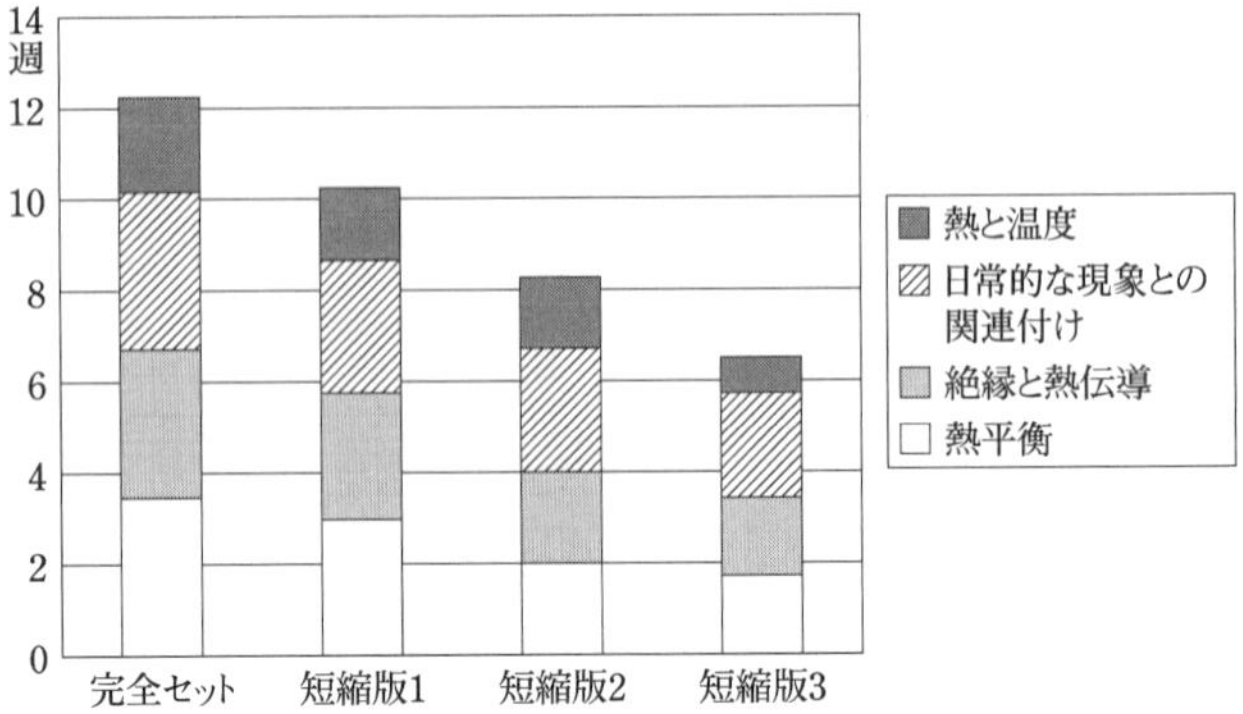

図 3－1　CLP（Computer as Learing Partner）プロジェクトでの 4 種のカリキュラムバージョンにおいて含まれるトピックスと時間 (Clark & Linn, 2003)

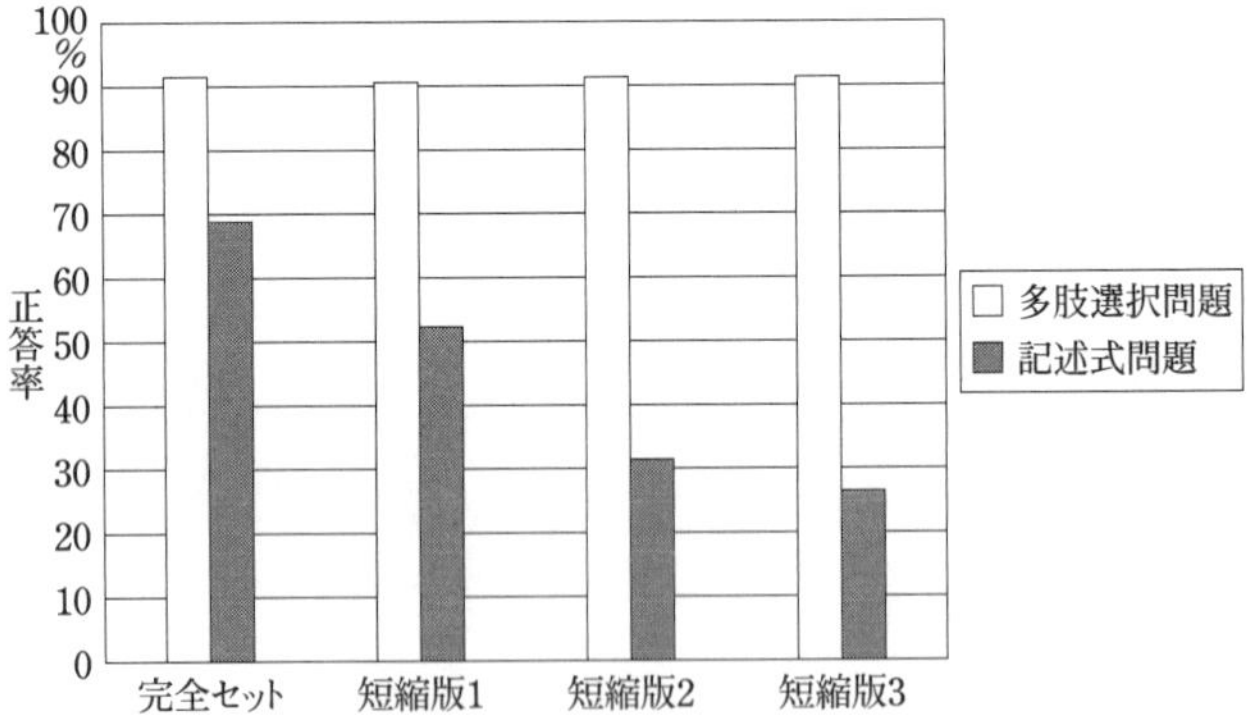

図 3－2　熱と温度項目での各カリキュラムによる多肢選択課題と記述式での成績 (Clark & Linn, 2003)

貫性という形で学習重視による学校教育の長期間化への道が進められてきている。学力を育てる方法、教育成果を問う方法として、学びの長時間化、長期間化、そして成果の数量化、教える側の講習時間の規定、少人数学級とすべて量化し目に見える形で国民を説得していく手立てが、これまで以上に顕著にとられるようになってきている。「長く学校で学ぶほど、学力はつく、定着する、教師が一人当たりの生徒に指導できる時間が長いほど、学力はつく」という学力の量化思想である。もちろん、政府は量の増大だけではなく、教育内容の質的吟味も、学習指導要領の改訂が示すように、積極的に行なってきている。しかし、語りにおいては、質よりも量が目に見えやすい形をとっている。

そこに、政策、投資という教育をめぐる政治・経済と、教育という文化的実践の営みを担う場の齟齬がある。構造の質の改革と教育過程の質の改革が連動できていない速度にある。学校という教育実践主体の場が納得し、理解し、わが物として研究し実践できる時間の保障は考慮されていないハイピッチ改革が続いている。少人数学級や少人数指導等の授業システムの改革にしても、IT機器導入にしても、一つの改革が教師の手によって実践を通して吟味され、生徒の学習において実際に機能的に動くまでには時間がかかる。しかし教育の市場化原理によって、数量化により学習を目に見えるもののみで捉え、単純化していく風潮が強められ、マスコミがそれを助長する機能を担っている。

東大COE学力問題に関する全国調査（二〇〇六）において、「教育改革が早すぎて現場がついていけない」という項目に対して小中学校校長回答者四七四八人のうちの八四・九％が「強くそう思う」（二九・五％）、「そう思う」（五五・四％）と答えている。また「学校が直面する問題に教育改革

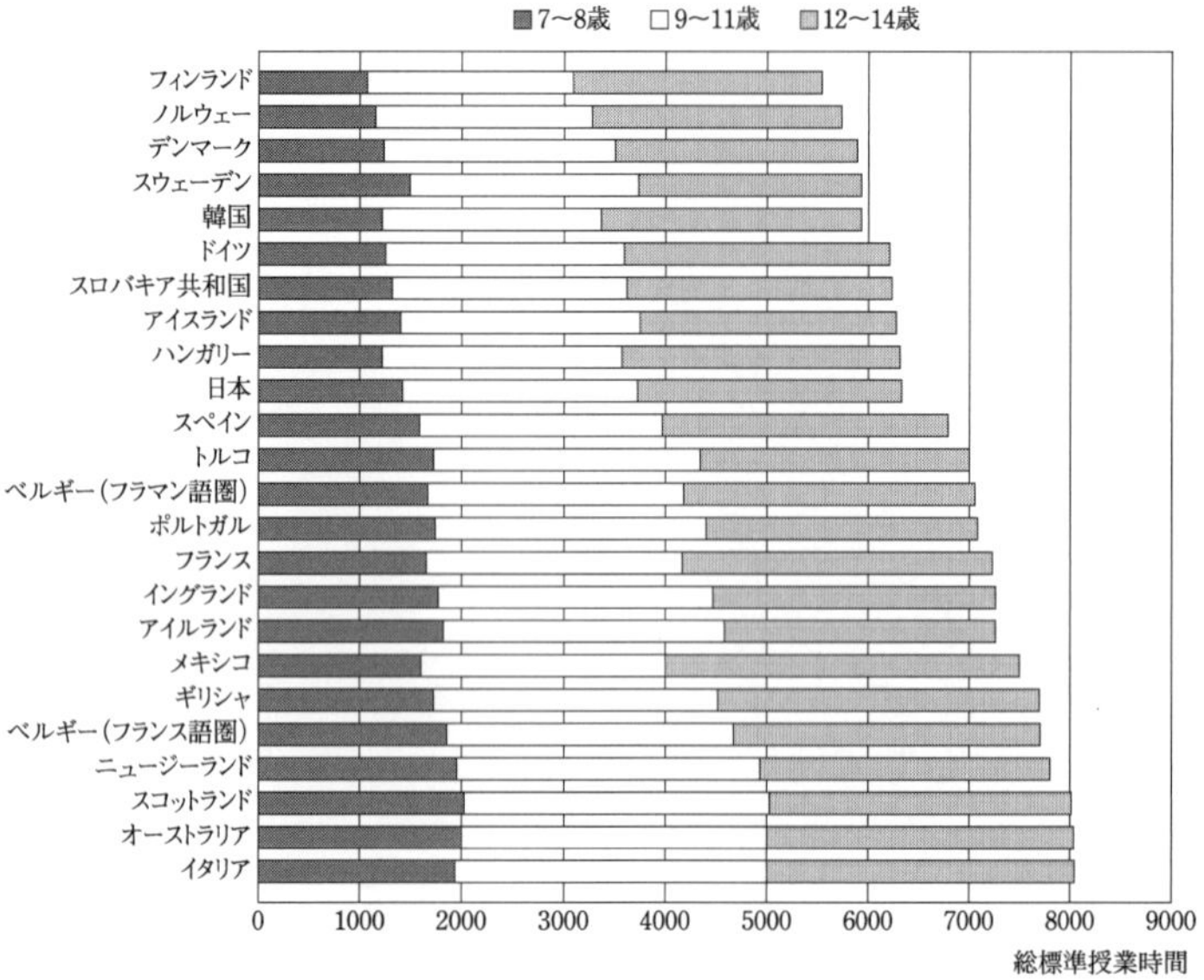

図 4　標準授業時間数（OECD，2004）

は対応していない」に対し、七九・一％が「強くそう思う」（二一・九％）、「そう思う」（五七・二％）と答えている。そして授業時数に関わる「ゆとり教育は再考するべきだ」に対して、「強くそう思う、そう思う」が五八・八％、「そう思わない、まったくそう思わない」四〇・九％と意見は二分している。

授業時数に限ってみても、増大という量的な改革だけでは、学力を回復することは不可能であるのは明らかである。OECD調査（図4）が示すように、授業時間数は、これまで示されてきた国際学力テストデータとの対応をみれば正比例にないのは明白である。

では学習主体である生徒たちの声はどうであるだろうか。図5は藤沢市の学校教育基本調査（二〇〇六）が一九六五年からの経年変化によって示した中三生徒への調査結果である。「もっとたくさん勉強したいと思いますか」との質問に対して「今くらいの勉強がちょうどよい」が五二・七%と、これまでの調査の中で今回はもっとも多い割合で生徒が答え、「勉強はもうしたくない」という声も二二・一%である。本調査では、勉強する場所が学校か家庭かは調査用紙からは同定できない。だが少なくとも、このデータは、子ども自身の声からは勉強する時間という量を増やすことだけでは、学習意欲や学力へ単純に直結しないことは明らかであることを示している。そして生徒たちが求めている授業は「楽しくリラックスした雰囲気」「自分の興味や関心のあることを学べる授業」という回答である。教室に安心感を求め、授業で自ら積極的に参加して学びたいという思いを読み取ることができる。

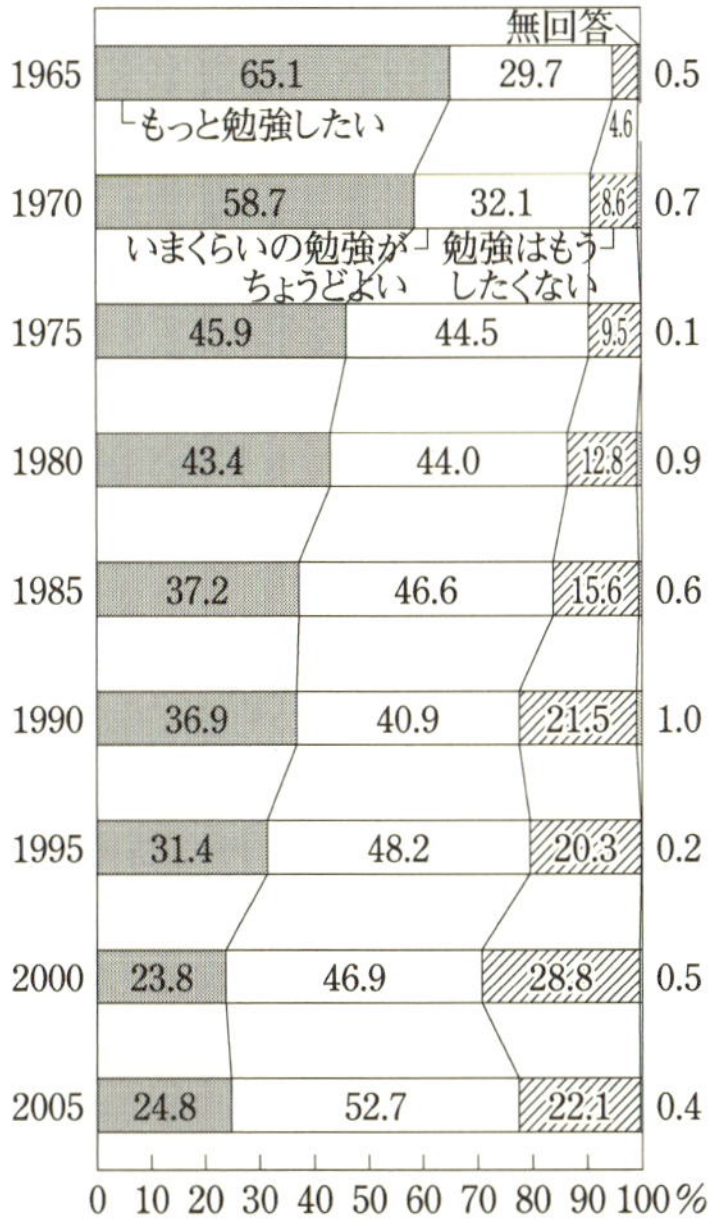

図 5　「もっと勉強したいか」（藤沢市教育文化センター，2006）

　そして授業時数の増大はすでに強い多忙感をもっている教員達の、授業準備等の時間をさらに削り、多忙感を強めていくのは必定である。藤田ら (Fujita, 2007) の教師意識の国際比較調査によれば、「毎日忙しい」と感じるわが国の教師は九六・六%、慢性的疲労感を感じている教師は七九・四%であり、多忙化、権威低下、慢性的過労がさらに助長されるのは想像に難くない。

以上、教育の質を問う改革の構図を、まず方向性の質、構造の質という点から考えてきた。そこで次に教育過程の質の方向性を考えてみたい。

2 「教育過程の質」の多様な方向性と困難

「PISA型読解力」言説にみる「型」のパッケージ思想

ハイピッチな量化主義改革は、文化的実践を行なう場である学校において、さまざまな形で改革に対応しようとする学校のあり方、学校の相違を生み出してきている。その一つをPISA型読解力という動向の窓から考えてみたい。

OECDによる国際学力テストPISAを考えるなら、テストの構成、実施とその結果の捉え方、結果に対応した実践という三つの点から評価することができる。第一に、テストの構成においては、すでに多くの人が指摘しているように、読解下位プロセスを情報の取り出し、解釈・熟考・評価として捉え、図や表を含む非連続型テキストの統合処理を示し、これまでの教科国語だけではとりあげてこなかった種類のテキストの形、説明文や論説文などより実用的文章重視の方向を打ち出してきた特徴がある。しかしこのテストは、一五歳義務教育修了時の生徒が社会に効果的に対応できる応用的読解力を測定したものである。また文化独立的内容を測る国際テストであるために、自国の言語文化や言語教養を問うのではなく、よりスキルへ焦点化し、短時間での短テキストの読みを扱う内容である。OECDが提唱するキーコンピテンシー、①自立的に行動する力、②異質な集団で他の人々との関係を作り交流する力、③道具を状況に応じて用いる力の中の、③のみに焦点をあてたものである。したがって、実践や活動は測定できない。

第二に、実施とその結果、また第三に、その波及効果について考えてみるならば、グローバル化する中での日本の教育の位置づけや変化、学力下位層や格差等の散らばりを示し、無答の多さが抱える問題をクローズアップしたこと、それによって、行政がPISA「型」と命名したことで、熟考・評価という読解過程の重要性が焦点化され、また教科国語を越えての言語力の育成が学習指導要領全体で行なわれるようになったことは大きな効用であると言えるだろう。

欧米、アジアの他の国々を見るならば、読解力をさらにどのように高めるか、学力をどのように高めるのかという議論は、PISAの結果を受けて各国同様になされている。だが、「PISA型読解力」というように行政が命名し、そこに焦点化して対応し特化して議論しているのは、わが国だけである。PISAというテスト名が付された学力名、テスト成果を目的とした指導や学習という議論に、学習の成果としての学力ではなく、学力テストのための学習へという逆転現象が見られる。そしてそれを一つの「型」としてパッケージ化し、指導においても対応の教材やそのスキルの指導法が強調されてきているのが、わが国の教育過程を語る上での一つの特徴であるだろう。PISAが示す新たな読解のための指導が必要であるのは言うまでもない。しかし、それを協働的な知識構築へとむかう活動の中で、読解力や学力とその具体的実践全体の中で捉えるのではなく、パッケージ化した形で特定教材、特定メソッドで教えていく伝達型の流れが、教育市場で動き出している。PISA型は新たな課題を自分の意見を構築したり探求、熟考するものとしてではなく、PISA型テスト対応問題解決能力の育成へと転換している。文化独立のテストに対して、各文化が価値ある教材としてきた教育内容としての教養の論議とは独立に、スキルの取り出し志向が学習の単純化、パタン化を導いてきている。テスト対応の早わかり、楽わかり志向は、藤沢（二〇〇二）が「ごまかし勉強」の中で指摘しているように、子どもたちが手にする参考図書や問題集の中でも、この二〇年の大きな変化として現れている。学習をより試験対策という特定の成果のみへ急ぐポイントのみの学習、シンプルな暗記主義やスキル主義、楽わかり、早わかりへの道を助長している。それと同様の動きをPISAでも懸念する必要はあるだろう。

スキルが主張されるほどに、低学力の子どもたちには必要な指導法だけが、単純化されパッケージ化されて教えられがちである。しかし彼らは自分達の生きる複雑な世界と関連した内容を読みたい、学びたいと求めている事実が捨象されがちである。「知識は貨幣。」これはPISA等の責任者アドレアシュライヒャー氏が述べた知識社会への適切な表現である。マクロに見るならば、出口学力は市場労働力としての貨幣として置き換えて語ることはできる。しかし、一人ひとりの育ちゆく子どもにとって、知識は自らのアイデンティティと未来を形作るものである。関係性の中での具体的な生身の生きた学びの過程の出来事こそが彼らの知識を形成していく。鳥瞰の目で捉えた議論とともに、蟻の目で学びの道筋の過程を同行する語りの可視化も必要ではないだろうか。

もちろんその一方で、ＰＩＳＡ型読解力育成の議論は、表現という子どもの言葉や思想の表出と読解が結びつけられて捉えられるようになった。狭義の読解だけではなく、教科を超えた読書等の学習環境整備への声を高め、論理的思考を可視化するためのマインドマップやロジックツリー等のさまざまな心理的道具を子ども達に指導するようになった。さらに語彙指導、メタ言語力指導の重要性など、発展的な議論を生み出した。これらの点で、一定以上の大きな効果を全体として生み出してきたとも言える。

けれども実際には、このＰＩＳＡ型読解力、言語力育成に対応する学校タイプをわけてみるならば、教育の過程として大きくは五つの方向をもつ授業実践が見られる。①積極的に研究開発を行ないＰＩＳＡ型対応のモデルを示そうとする開発型の実践をする学校と、それら先進校が開発したものを受け入れながら実践しようとする学校、②国語科の教科や説明文授業等、特定教科に任せ、その担当者が担おうとし、他部分は変化しない部分的変革校、③ＰＩＳＡ等の学力テスト結果は参考にしつつも、自分達の学校で特に力を入れたい点として、表現力や批判的能力に焦点を当てて研修等を組み立てていこうとする、時代動向を受け入れつつ翻案し実践していく学校、④改革には距離をおいて、これまでの実践を受け継ぎつつ独自路線で進もうとする、独自の信念による学校、⑤学校での話題にしたり、紀要の前書き等には表面的には登場するが、実践等実際には何も変わらない学校である。ここに、日本の学校教育の輻輳的現実がある。そしてＰＩＳＡ型論義も学習指導要領の改訂によってやや沈静化してきている。

学力や教育を語るディスコースの構図――改革の言語と実践の言語

このように学力をめぐる学校や教師の方法論の相違、教育過程における対応への多様なずれは、なぜ生まれているのだろうか。これを教師や学校の意欲の多寡や力量、校長のリーダーシップだけで語ることはできないだろう。二つの点を指摘したい。

第一には、教育を語る言葉、言説の次元の問題を指摘できる。ＰＩＳＡ型やこれまでにも数多く編み出されてきた「何何指導法、何メソッド」というようにパッケージ化された授業における教育方法論は、指導をノウハウ化する単純化を行い、これまでの語りとは違う新たな抽象的な概念や言語によって、その方法論の普及をはかる。そしてどのように行なったかという教師側の方法論を具現化した実践が付されて語られる。その実践をパイオニアとして行なう教師たちは、その方法論の普及をはかり編み出すために、教材研究を深く行ない、何度も授業へ挑戦し創意工夫を行なっている。教師の変革の意図や判断が実践状況の中にあるために、その方法が有効な学習過程や成果を生み出している。つまりパイオニアによる授業の過程では、子どもの学習過程や相互作用をきわめて敏感に捉え、それに応じて修正されながら実践が生み出され実施されている。

それに対して、すでに完成されたノウハウを骨として提示され語られた場合には、その豊かな実践の複雑な状況でのやりとりとそこでの子ども達の学習過程は捨象される。したがって、ノウハウのみを導入すると、日頃の実践とは違うので試みに新たにやってみた時には、何か少しいつもの授業とは違った効果はでる。しかし、それが生徒や教師にとってもつ意味は十分に理解していないために、方法として定着せず、たしかなものにはならないと言える。教育行政の言語、教育方法の改革をめぐる言語は、実践の場で創意工夫が生まれるようにと、抽象的で曖昧さを含む言語が使われ、しかも新たな響きをもった言葉が改革において多用される。それは指導を行なう主体である教師の行為、指導方法を期待する形で語られる。けれども、具体的に生まれる実践における学習過程はより複雑である。授業展開の方法やステップ、指導だけで語りつくすことはできない。そこに四〇人の生徒の学習過程の多様性と教材がもつ歴史性や社会性、教師の解釈による深まりと価値がある。その齟齬が多様さを生み出す。それゆえに、その実践を語る言葉の具体性、複雑さは、各学校の文化によるところが大きい。

質の時代に求められるのは、新たなパッケージ化された指導法ではない。授業という現実の質を学習者の側にたってきめこまかく語れる談話をどのように生み出せるのか、それによって授業をいかに改善するかという学習の質の議論の必要性である。学校の実践に関わる指導主事や学校長、研究者が行政の言葉を復唱し伝言する役割にとどまるだけではなく、実践の水準の談話に自らの言葉で翻案し、目の前の具体的実践と関連づけて捉え語ることが、これからの時代にはもとめられてきている。そこに、教育のビジョンを言語化しリードするリーダーシップが求められる。

教育の質の向上を考える際に、知識社会にむけてめざす「方向性の質」の議論、どのようにそのシステムを制度的に量で保証するかという「構造の質」の議論、また成果はどのようにあるのかという「成果の質」の議論はテスト成果のみをもとにしてなされてきている。しかし、どのような学習としての授業過程がもとめられるのかという「教育過程の質」の議論は、それを実践に即して十分に語る言葉や談話の構造をもたずにこれまできているのでないだろうか。

学力を形成向上させる授業は誰もがめざしている。しかしその具体的手立てとしての「実践過程の質」に大きな違いが出ている。どのような授業をめざすかというビジョンには、教師個人の授業観だけではなく、ビジョンを語りだし学校でめざす像を作りだすのに、授業実践の表象を語る教師の談話が大きく関与している。このことへの自覚化と議論が必要だろう。

基礎学力センタープロジェクトにおいて、百マス計算といわれる計算力の授業のビデオを刺激材料の一つとして視聴してもらい、先生方に計算と学力に関連して感想を述べてもらった（飯田他、二〇〇六）。「計算力」と「考える力」は別であると考え、まず計算法を指導した方がよいと判断し「まずは理屈抜きで計算ができるように指導し、計算の意味や「考える力」はそのうち後からついてくればよい」と語る先生が多い学校がある。その理由として「できない子にとって何も手をつけることができずに終わってしまうのではなく、やってできることの積み上げこそが大事」という説明がなされ、まずできない子も楽しくできる授業が大事ではないかと、算数の楽しさはやってみてできることとして語られる。

これに対し、計算の指導の中で考えることを指導していくことが、学力をつける上で大事と考える先生の多い学校もある。「なぜその計算を使うのかを捉えることで、「考える力」と「計算力」をしっかりと結び付けることが大切。算数の力というのは、考えさせていった方が伸びるのではないか。計算だけをやっていても、ある程度以上は伸びない」と説明される。そして「わかるから楽しい。このわかるを乗り越えないと、算数が楽しいまでいかない」と算数の楽しさは、理解することでの意味の獲得として捉えられて語られる。

この二つの学校の先生方の語りは、いずれも算数の授業で考える力を育てることが大事であると考え、学校として教科算数の授業のあり方を研究しておられる小学校での語りである。育てたい力の方向性は共有している。しかし具体的にそこへ至る手立てと方法には明らかな違いがある。それが学校での語りとして、教師同士に共有されていく過程が見えてくる。

前者の学校では、まず学業不振児や学習困難な子を中心にし、その子達にいかに授業に参加させていく手立てを準備するかという、行動レベルで授業について語られる。それに対し、後者の学校ではこのような教材や課題なら計算を考えさせながら指導できるという指導内容レベルで語られる。そこでは、子どもがどのような質の教材なら興味をもって学習に参加できるかという教育内容と子どもの認知が中心に語られる。つまり具体的な実践レベルで、何を中核に捉え、語るかに相違がある。子どもの算数能力の育成も、思考力と計算力を総合的に関連付けて育てていくとする方向もあれば、できるだけ下位スキルに分解してそれらを順次育てていくという考え方もあるのである。

これらを一般論としてあるべき論で議論をしても、平行線であり、生産的ではない。しかし、子どもの学習の現実を精緻にみていくことで、この授業ならどうすればよいかが、語られるはずである。さまざまな学校で研究授業後の授業検討の校内研修に入れてもらえばすぐにわかることだが、授業を学校目標や指導案とそのねらいを中核に語る学校、方法論としての技法で語る学校、教師の判断と子どもの実態で語る学校、子どもと子ども、子どもと教材との関係性で語る学校等、授業を語りの談話構造はきわめて異なり、語りによって授業で見えるものや向かう方向も異なっている（秋田、二〇〇六）。したがって、学力と授業を単線的に関連づけて語る学校から、生徒の学習の質をより深く語ることでアプローチする学校までの多様性が生まれてくると考えられる。学力形成の議論は、教育方法論の議論として、捉えられがちである。しかしそれは、授業を語る具体性の水準の相違、学力成果へと至る経路をどのような過程として捉えているのかの相違、すなわち教師の指導から単線的直線的に捉えるのか、四〇人の生徒の学習過程から複線的往還的過程として捉えるのかといった見方がその相違を生み出す要因の一つであるといえるだろう。そして、具体的な改善策は、実践においてはどこまで生徒の学習の質を捉えて高める授業を行ない、それを可視化して語るかということでしか、適切な方法は見つからない。あるべき方法論の空中戦ではなく、子どもたちの学習過程を中核とした語りが、具体的な実践次元で考えるのには必要となる。

時代に埋め込まれた授業の語り——学習者としての子どもの立場からの語りへ

学力形成のために教育過程においてめざす方向の多様性がなぜ生じるのかの第一の理由として、学習過程を語る言説の問題を指摘した。第二の理由は、教師や保護者が背負う時代性に規定された学力観、授業観の相違である。知識基盤社会の学力に関する教育の問題のむずかしさは、教師や保護者が生徒として、また教員養成時代に学んできた学力と今後求められていく学力が同一のものではない点である。そして学校による多様性はどの人の声が大きいか、どの教育観が強く学校の中での言説において語られるかによるところが大きい。つまり授業や学力形成の語りには、前節で示したように、言説に水準がある。また、教育は時代に埋め込まれているので時代によってめざす教育の方向が異なり、誰が語り手として大きな声をもつかにより、社会で、学校でその違いが生まれていく点にある。

秋田・恒吉・村瀬・杉澤（二〇〇四）は二〇〇三年に二市、A市小学校四〇五名（平均教職経験年数一八・五年SD一〇・五年）、中学校一六五名（平均教職経験年数一六・二年、SD九・五年）、B市小学校一一・六名（平均教職経験年数二三・一年、SD八・〇年）、中学校七九名（平均教職経験年数二〇・四年SD八・六年）の計七六五名、保護者は小五の保護者（A市一六八一名、B市五一二名）と中二の保護者（A市一〇一八名、B市四七八名）計三六八九名に、「学力をつけるために次の授業がどの程度重要だとお考えですか（教師向け）、学力をつけるために次の授業をどの程度期待されますか（保護者向け）」という質問を行なった。具体的には、表2と図6に示す項目について「4　とても重要である」から「1　重要でない」までの4段階評定で回答を求め、因子分析によって三タイプの授業パタンを取り出した。それを「活動型授業」「個別・習熟度型授業」「体系・練習型授業」

と命名した。

結果は、教師は「体系・練習型」授業を「活動型」「個別習熟度型」授業よりも低く評定する点が特徴であった。「学力をつけるのにあまり重要ではない」と判断された項目は「教科書に沿って順に教える授業」「知識を覚える事を中心に進める授業」「理解を確認するテストの回数が多い授業」という共通性が全体に示された。

しかし一方で、教師間に二点の違いが示された。第一は、小学校と中学校の違いという学校種間の相違である。「活動型」「個別習熟度」授業では、どちらの市でも小学校の平均評定値の方が中学校の評定値よりも高く、「体系・練習型」授業が中学校の方が高い。項目別では小学校の方が「自分で考える時間を多くとった授業」「クラス全体で話し合っていく授業」「問題や課題を子どもが自分で見つけていく授業」が中学に比べ「とても重要」とする教師の比率が高い。反対に、中学では小学校よりも重要とする比率が高い項目が「ドリル学習を徹底する授業」「理解確認をするテストの回数が多い授業」であった。この結果は対象二市だけではなく、全国の小学校長三一〇二名、中学校一六四六名の回答を得たCOE学力問題に関する全国調査（二〇〇六）でも、学習指導において「体験的な活動を多く入れる授業」を「きわめて重要」と答えた割合は小学校で五七%、中学校で三七・八%、「課題を子どもが自分で見つけ解決していく授業」は小学校五四・四%、中学校四三・七%と、学校種間で大きな相違があった項目である。

小中高校での教育課程の一貫性や連携が言われているが、小中学校で学力を育てる授業法として教

表 2　学力をつけるのに重要と考えられる授業タイプ

	因子 1	因子 2	因子 3
〈活動型授業〉			
グループで共同学習をする機会の多い授業	0.77	0.03	0.08
問題や課題を子どもが自分で見つけ解決していく授業	0.72	0.13	−0.04
クラス全体で話しあって考えていく授業	0.70	0.08	0.09
学習したことを発表や発言する機会が多くある授業	0.68	0.08	0.09
体験的な活動を多く取り入れた授業	0.58	0.25	−0.03
子どもが自分自身で考える時間を多くとった授業	0.57	0.13	−0.07
現実の生活と密着した内容を多く取り上げる授業	0.54	0.25	0.03
〈個別・習熟度型授業〉			
個別指導の機会を多く作った授業	0.15	0.61	0.15
子どもの習熟の程度に合わせた指導を取り入れた授業	0.19	0.60	0.01
勉強の仕方・やり方を教える授業	0.15	0.57	0.25
〈体系・練習型授業〉			
知識を覚えることを中心に進める授業	0.05	0.00	0.52
教科書に沿って順に教える授業	0.00	−0.00	0.51
理解を確認するテストの回数が多い授業	−0.02	0.15	0.49
計算や漢字学習などのドリル学習を徹底する授業	0.02	0.18	0.38

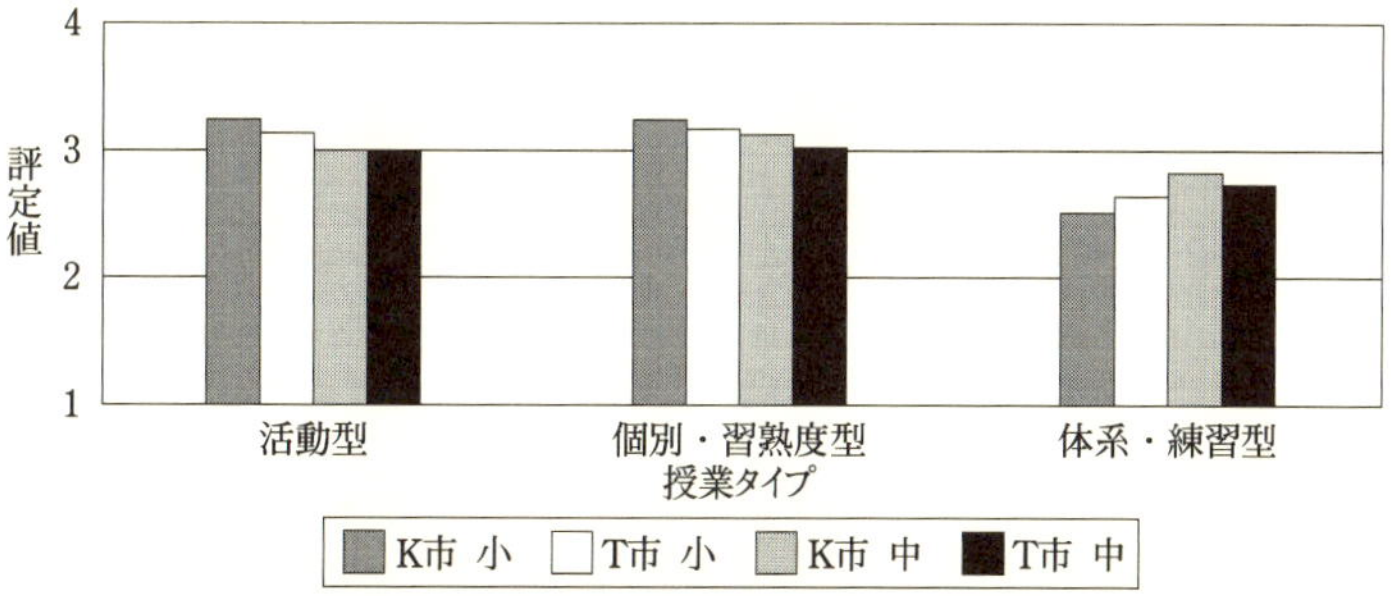

4：学力をつけるのに特に重要　3：重要　2：あまり重要でない　1：重要でない

図 6　学力を育てる授業への評定値

表3　A市教師および保護者が考える各授業タイプへの重要度平均評定（SD）

	小学校			中学			保護者	
	若手	中堅	熟練	若手	中堅	熟練	小学校	中学校
活動型	3.28	3.18	3.20	3.14	2.95	3.03	3.07	2.94
個別習熟度型	3.21	3.18	3.21	3.05	3.16	3.14	3.06	3.13
体系・練習型	2.04	2.56	2.54	2.77	2.76	2.71	2.61	2.57

師が考えている具体的な授業イメージには違いがある。それは、歴史的に形成されてきている。しかしそれら学校間を移行する子どもの側に立った時に、どのような橋渡しが必要なのか、果たしてその授業の質の差異が学習者に必要かを考えることが求められる。

教師間の第二の違いは、教職経験年数による違いである。一〇年未満を若手群、一〇年から二五年を中堅群、二五年以上をベテラン群として分け、三群での平均を小中で評定値を算出した。表3左六列はK市での経験群別の値である。この結果からは、「活動型」授業は小中学校ともに若手群の先生に高く評価されていることがわかる。若手群の先生方は、平成元年の「新しい学力観」が唱えられた頃に、大学で教員養成のための準備教育を受け、教師になった人が多い。学力をつける授業の認識は、その教師が養成教育を受け、また生きている時代の要請や価値判断の影響を大きく受けていること、けれども経験群による評定値の高低に違いはあるが、全体の傾向としては一つの望ましいと考えられる授業像としての活動型の授業像が生まれていることをこの結果は示唆している。

また子どもの学習経験は学校だけではなく、家庭でも塾や通信教育をはじめとした学校外教育機関でも行なわれている。

また家庭と学校との連携が言われる時代である。保護者はどのような授業を、学力をつける授業として期待しているか。表3で教師と保護者を比べると、保護者は活動型授業が学力をつけるとは教師より評定していないこと、また小学校では保護者は個別習熟度型授業を教師ほどには学力をつけるものとして期待していないが、中学では保護者も期待していることを読み取ることができる。各質問項目別に教師と保護者で「特に重要」とする考え方に違いがみられたのは、「知識を覚える事を中心に進める授業」（K小教師一・五％、保護者五・二％）。「理解を確認するテストの回数が多い授業」（K小教師一・七％、保護者九・九％）と、知識や理解確認を求めることを大事と思う親の比率が教師よりは多い点、反対に中学では「知識を覚えることを中心にした授業」が重要ではないと考える教師は二七・三％だが、親は四八・六％と違いがみられ、知識だけを教えてもだめであると考える親が中学になると多い点である。

また小学校では「子どもが自分自身で考える時間を多くとった授業」を「重要ではない」と答えた比率が（教師一・七％、保護者一四・三％）、「問題や課題を子供が自分でみつける授業」（教師六・二％　保護者一四・七％）、「現実の生活に密着した内容を多くとりあげる授業」（教師五・七％、保護者一五・七％）と、親の方が高い点である。

活動型の授業、自分で考えたり課題を見つける授業は、学習過程に立ち会っていない親からは見えない過程である。保護者からは学力と学習過程のつながりが可視化されにくい。知識を教えテストをすることを中心にした授業を小学校では必要と捉え、中学ではそれだけでは今の子どもはついていけないと考えている保護者のニーズが推察される。このような保護者のもつ授業像に対して、どのように学校は信頼の絆を保護者と築いていくことができるかが問われている。それは第一の理由で述べた、学習過程を語る言語・言説への問いと重なるのである。

3　深い理解と知識構築により、学力を形成する授業の創造へ

没頭集中を生む理解の精緻化へ

教育の過程の質の検討には、生徒の学習過程の質を語ることのできる談話を生み出していくことが必要であること、そしてそのためには実践の過程に即した言説を生み出すこと、また教育実践をめぐる語りは語り手の時代的背景を背負ったものであることの自覚とこれからの知識社会の学力との相違に気づく対話が必要であることを述べてきた。またそれらが実際には、教育過程の質に関するあるべき論と実態の多様性と困難を、学校に生み出していることを述べてきた。

教育過程の質を捉える際には、教師が専門的に培ってきた生徒の学習過程を捉える見識としての感性とその言葉がきわめて重要である。日本の教師がよく使用する言葉に「子ども達が生き生きとしている」「目が輝いている」「身を乗り出している」「しっとりとして落ち着いている」「じっくり取り組んでいる」といった言葉がある。これは授業過程での瞬間における生徒の学習過程の質を、非言語的側面から直観的に的確に捉えた感性の言葉である。そしてこの場面の判断は多くの教師で一致する。

授業においてこのような時間を生きる姿がどれだけ多くの生徒に、より長くできる授業を創るのか、その積み重ねの中でしか実際の授業の質を高めていくことはできないのではないだろうか。仲間とともにいる教室において、居場所感があって安心して教室にいられ、そしてそこで教育内容に没頭して考えていくこと。この実態とそのための時空間を保証しない限り、いかに教師の指導法や教材論だけで授業の方向性を示したとしても、それは上滑りで無機質な議論となる。そこには、子どもへのまなざしやうねりのリズムや身体空間のひろがりをもった状況での出来事として学習を捉える見方が不在だからである。現代の教育学の多くもまたこの見方を喪失し量や大きな理念の言葉で満足している。

具体的にこのような子どもの学ぶ姿の具体像が生まれる授業がどのようなものであるのかを出発点に、学力を形成していく授業のあり方を考えてみたい。それはテスト結果という成果から、対策としてこれからの学力形成の質を考える、教室を見ないで点数をみて語る授業論とは反対の道を歩む。授業中の子どもから始まるアプローチである。

子どもが授業に能動的に参加し、集中して学習内容に関与している状況の積み重ねこそが、学業達成やドロップアウトの低下につながることは、経験的にも、また海外では実証的にも近年捉えられてきている（Fredericks, Blmenfeld, & Paris, 2003)。この学習の姿は、対象への深い関与、没頭（involvement, engagemenet）という語で呼ばれ、その状況を学校でどのように作り出すかがさまざまな研究者の中でも議論されてきてもいる（たとえばGurtherie, 2008；Laevers, 2007)。これは学習意欲や動機という言葉ではなく、今ここでどのように関わっているのかという文脈の中での姿をもとにした概念と言語で語られている。そして「学びの世界にのめりこむ、うちこむ、学びこむ」といった学習への集中、没頭状況は、子ども達個々人の能力に帰属するのではなく、能力とともに授業の文脈により形成されていく、深い認知的関与状態が安定的な学力形成に累積的に寄与する瞬間だと考えられている。

教室において子どもたちが、能動的に参加し深く学びこむ状況に入っている現象は、二つの姿から具体的に捉えられるだろう。第一には、生徒個々人が深く理解するための方略、精緻に理解するためにさまざまなメタ認知方略を使っている状態である。そして第二には、学級としてさまざまな生徒が認知的に能動的に参加し語りあっており、教室での発言がより長く複雑で精緻化され、一つの内容について深く理解できるような談話構造をもっている状態である。第一は個人の没頭であり、第二はクラスでの没頭として現れてくる。

まず第一の状況において、メタ認知方略とは自分の理解を再度見直して対象化したり振り返ったりしようとすることができているということである。よりよく知ろうとすることは、よりその内容について精緻に、きめこまかく丁寧に考えていけることにつながる。生徒たちがその方略がとれると相互にすでにもっている知識と新たな学習情報を結び付けた語りあいやよりよい理解への相互モニタリングが行なわれ、学習過程や発言が多次元的に評価される文脈が授業で生まれてくる。それによって、生徒自らもさらに自分の理解をより精緻化できる方略をとることができるようになるという相乗的な関係が生じる。

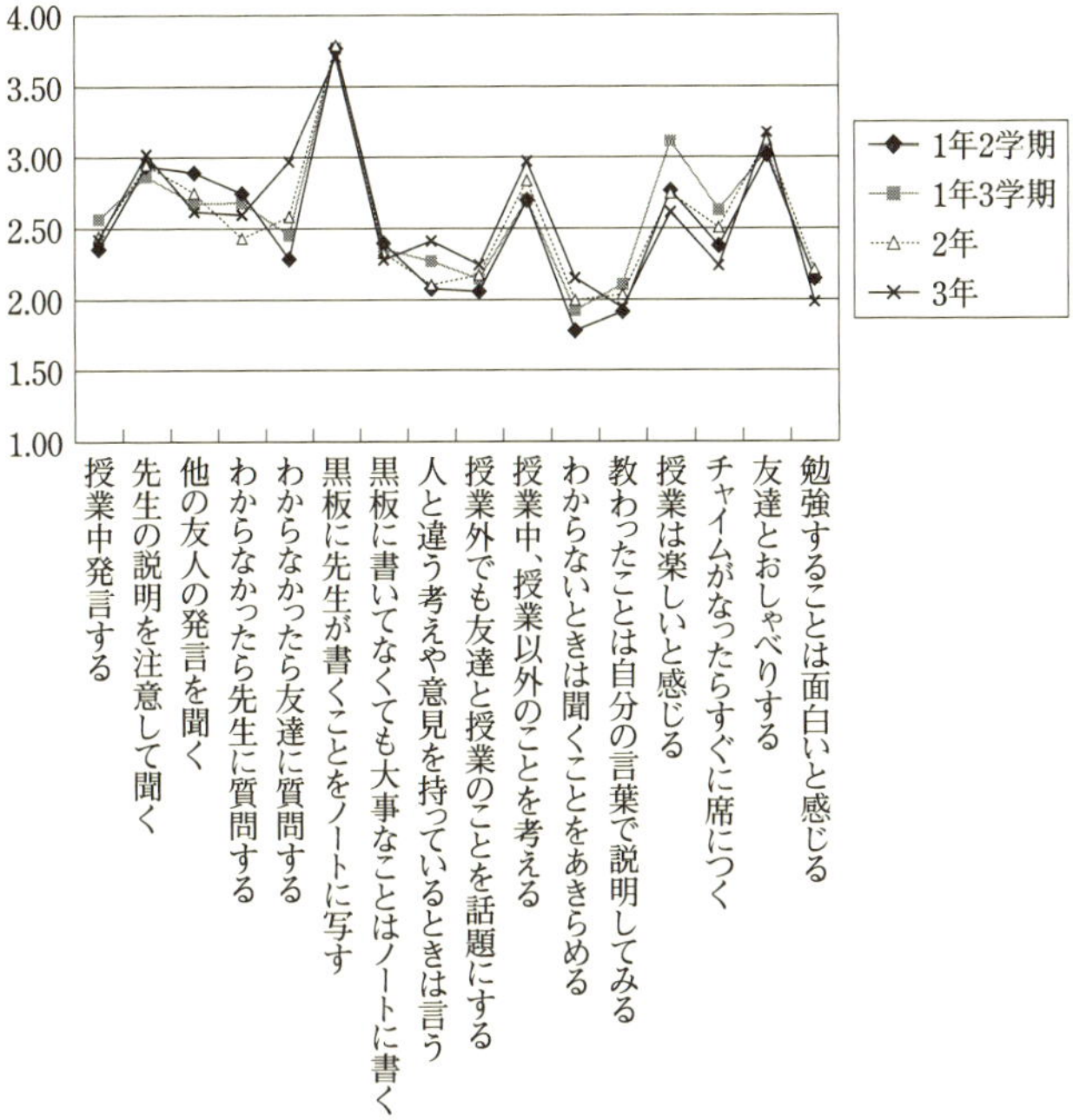

図7　K中学校　学習参加方略の3年間の変化（市川，秋田，村瀬，2007）

これを裏付ける一つの結果として、図7はCOE学校機能プロジェクトの一環で、ある一中学校にご協力いただきOECD作成の授業参加方略の質問項目を利用して、同一生徒に中一の一学期、二学期、中二 三学期、中三 三学期と継続して調べ、学業成績（学力を示すと考えられる）との関連を分析した結果である。

まず生徒の実態として、「黒板に書いたことは写すが黒板に書いていなくても大事なところをノートに写すことは少ない」ことや「自分の言葉で大事なことを説明してみる」ことはあまりなく、他者の言葉をそのまま受け入れ写すことが授業において行なわれていることがわかる。授業は伝達複写の場として捉えられている。そして「友達とおしゃべりしながらも先生の説明や友人の発言は聞いている。わからなくても聞くことはあきらめない」という姿も見えてくる。授業では聞くことが大事という生徒の学習参加方略が見える。

学業成績とこれらの授業参加方略の関連をみると、授業中の発言や質問の回数等とは相関はみられない。つまり成績上位群の方が質問したり発言するといった授業への「能動的参加」はしているが、その頻度と成績との間には、関連がみられない。しかし、ノートをとる、人の話を聞くといった授業中の行動としては目にみえにくい「受動的参加」との間には、正の相関の有意な傾向がみられた（$r = .25$、$p < .10$）。つまり、外の目から観察しやすい、発言頻度や質問するといった言動は成績による違いはない。一方ノートのとり方や聞くといった外から観察しにくい行動において、自分の言葉で大事なところを書き加えるなどのより深く精緻な方略をとっているのか、ただ写していたり聞き流しているだけかということに成績の違いが反映されやすいことがわかる。そして、低学力の子は中一からの三年間を授業中にノートを書き写すだけで過ごしていくこともわかる。ここからいえるのは、どのように様々な子ども達が個々に深く学ぶために書いたり聞くという方略を身につける活動がなされ指導されていくのかが問われることである。

もちろん、そのためには生徒が関心をもった教材内容、課題内容であることの必要性はいうまでもない。しかし自分の言葉で言い換えてみる、要点を取り出して下線を引いたりメモをとってみる、テキストなどの行間に自分が考えたり疑問をもったことを書いてみる、聞いたことを自分なりに整理して考えを書いてみる等、理解に向けての精緻な方略行動を引き出す活動を、教師が授業中に保障し、それらの方略を自らいろいろな場面で使用できるように指導していくことが必要なのである。また自分の理解過程を振り返ることができるためには、学習過程での自らの思考を対象化して捉えられるようにする手立てとしての道具を入れる援助も必要である。話しあうだけではなく記述してみる、説明してみる、コンセプトマップやマインドマップ、ポートフォリオなど思考を表現し可視化する道具立てとそれを使う時間の保証が授業中に求められるだろう。

また自らの思考だけではなく他者の考えと比較していくことで、より理解を深めながらともに知識を習得し、またさらに精緻にしていくことができる。そこで相互の思考を精緻化しあう授業中の談話が重要になるのである。クラスでの没頭状況にある場合には、教室談話は教師からの問いだけではなく、生徒側から疑問や発言が頻繁になされるようになる。考えているので生徒の一発話の長さが長く文内容も複雑になり、相互に発言を通して理解を精緻化しあい深めていく関係、応答的な会話が生まれている。対立ではなく教材やすでにもっている情報をもとに論証しあい、相互に関連付け相補う形の会話がなされるようになっていくことで、協働で取り込みあい知識が統合されていくのである。それによって生徒の理解が相互に足場をかけあい精緻化されることになる。「今の○○さんの発言につなげて」「つけたし」「私のことばで言ってみると」「たとえば」「……だとすると……」という言葉や「もう少し詳しくもう一度言ってもらえる?」「そのわけは?」「何でそう考えたの?」「どこからそう思ったの？」「要するにどういうこと？」といった言葉が授業の中で生徒間に生まれていく。もちろんそのためには教師自身がこのような言葉を使えるよう表現を教えたり、認め使う機会を保証できる授業展開が必要になる。これは生徒の理解から考えるならば、精緻化し定着をはかっていくために、根をはっていく活動になるのである。それはおそらく伝達するだけに比べて、時間を要する授業展開である。だからこそ、教材の中心となる部分でこのような精緻化がなされることが、学習の深化、学力の定着へとつながっていく。しかし「ええ、もう終わり？」というように学習継続の欲求が発せられるような主観的な時間の短さの感覚を示めす語はわかっていく理解の深まりが断たれることとの表われである。また、授業のベルがなると落ち着かなくなり、さっさと道具をしまう姿には断ち切りたい欲求が表れる。認知科学は一つのことでもより意味を追い精緻化することが記憶をしていくためには重要であることを一九八〇年代から明らかにしてきた。これは個人だけではなく、集団において相互に形成されていく過程においても同様である。

図7の学校において、中学で同一教師が二学級でほぼ同一内容の授業を教えている時の発話量の相違をある授業時間において比較してみた。X組に比べてY組では授業において生徒の発話が多い。Y組では生徒は教師の発言や質問に対してさらにたずねたりして精緻化している。そして中間、期末テスト等からは、Y組の方が成績高位群が常に多いことが示されている。学業がよくわかっているから質問や介入も多くなるのか、質問や会話の精緻化がなされることで理解が深まり成績が高くなるのかという因果関係は、このデータ等からは明らかではない。しかしここからは教師が授業展開を考えて

進めることの有効性だけではなく、そこに生徒がどのように関わり理解を精緻にしていくかが一つの決め手になるであろうことが推察される。どのように教えるかとともに、どのように生徒に応じていくのか、どのような発言をとりあげていくかには、教師の教材解釈や授業観が表われる。線形的な展開型の授業から、協働での網の目型の授業への意識が求められているとも言える。

また同じ学校で中一の二、三学期において成績を中上位で維持した生徒三名と学期とともに成績が低下した生徒三名における教室談話を比較すると、発話量には違いはない。しかし彼らがどのように授業を聞いて理解していたかを授業の発言の記憶を再生してもらって調べてみると、成績維持群と低下群の授業記憶再生量では、成績維持群では記憶再生量が多い。さらにそれらを、単語数、文字数から詳しく分析すると、どれも成績低下群で少ない。特に相互に語や内容がどのように関連付けられているかという関連数をみると差があり（成績維持群の平均再生数 11.33, SD = 1.52。成績低下群の平均再生数 1.33, SD = 2.31）では授業内容を関連付けずに断片的に記憶し再生されていることがわかってきた。授業の流れを精緻に関連付けて記憶していくことが、授業内容の理解を深め、それが学校での試験成績、そしてひいては学力につながっていくことが、少数事例であるがこの結果からもうかがえる。それだけに教師はどのように生徒同士の会話をつなげるかということと同時に、それを学習内容とつなげて位置付けているのかという、授業における即興的な聴く力とつなげる力が求められているのである。

理解を精緻にする学習が授業で行なわれることの必要性を指摘した。しかしその活動が一部の生徒だけに偏っていては大半の生徒達は授業の場に居ながら学習に参加する機会を失う。協調的に相互に新たな見方や考え方、知識を共有するためには、多様な生徒の声が教室の中で生かされる授業形態が必要になる。それはOECDがキーコンピテンシーとして挙げた、異質な他者と協調する能力に応じるものでもある。そこで小グループやペア等での協働学習が組み込まれることが求められている。それは、民主的な集団を作るあり方を学ぶ過程でもある。協働学習は教師が説明したり一斉で議論するよりも時間を要する。しかし座ってお客さんとなっている授業からは集中や没頭も、学力につながる学習も生まれない。そこで教科書、黒板を複写して終わる行為から、協働での知の構築へと向かうための道具や活動、環境の検討が必要となる。またどのような教材のどの場面で協働学習を行なうかの検討が必要なのである。小グループは総合的な学習での調べ学習等探究学習で使用するものであるとの意識を有している教員もいる。しかし説明し定着をはかっていく、精緻化し理解を深めるのにも有効なのである。教師はこれまで協働学習の指導法を十分には検討してきていない。したがってどのように行なっていくかを、学校として相互に授業を見合いながら検討することが、これからの授業のために必要になると言えるだろう。

そしてここに述べたような没頭を生み出す授業は、どの学校種、学年、教科にも共通する質の規定因である。そしてこの生徒の実態、学習過程での変化を捉えながら実際の授業過程や教材を検討することが、学力をつける授業への近道であると言えるだろう。

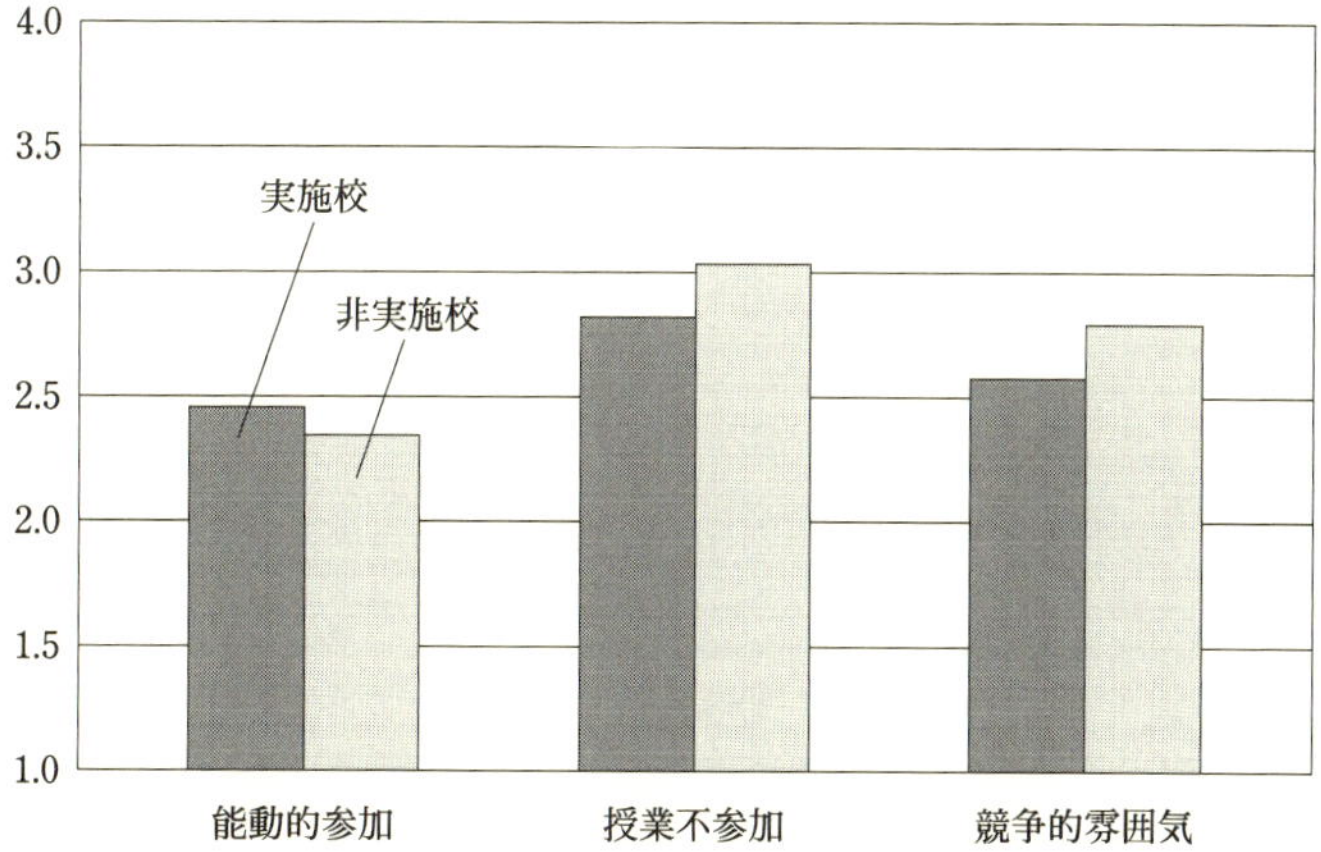

図8　児童の授業雰囲気認知

授業研究積極的実施校 小5 230名，非実施校 小5 289名

実践を生み出し変化する学校文化の保証と成果の質

前項に述べたことは当たり前の授業の姿であると言えよう。しかしそこに至らない授業がきわめて多くなっている。授業過程を検討することによって、学校の生徒の学習は変化していく。図8はある市で筆者らが二年間のアクションリサーチで授業研究に関与した学校群とそうでない学校群での生徒の授業参加への変化を示したデータである。授業が変わり、生徒の姿が変わっていくには、時間がかかる。

しかし多くの行政における指導法開発や検討の成果検討は、二、三年を一つの期間として行なわれる。行政の考える学力形成の速さと実践における学力や授業変革の速度と定着の見通しの相違である。学校が生徒の学習過程を捉える談話を生み出し、授業観を共有し、そのビジョンにむかって教師たちが一体となって授業を変えていくには、三〜五年の時間はかかる。そしてその間に生徒達の学習過程を語る言葉、語るための道具、語り伝承するための記録等が生まれていく。その歩みとともに生徒もまた変わっていく。

これからの知識社会に生きる生涯学習のための学力を育てていく学校文化の形成には、時間が必要である。その中で、教師も生徒も自律的に学ぶ組織が作られていくことを、保護者も行政も理解し見届けていく目とビジョンが必要である。国際的にも国内的にも学力が高いとテストで成果が出ている国や県は、長期的なビジョンの上で地道に少人数できめ細かな精緻な授業や協働学習にとりくんできたベテラン教師たちがいるところである。そしてそれをノウハウだけまねパッケージ化しても、そこには文化は育たない。学校の文化が形成されるには時間がかかる。

組織の成熟や生徒同士の協働学習能力は、テスト学力だけでは測れない。成果の質として長期的に文化として育ち、対人的な学習能力や対話的関係が育っているのを可視化できる尺度や質の記述が、成果の質として、必要である。そしてそれはまた知識を貨幣として捉えるのではなく、子どもも教師も学校という場で、自己を形作り、コミュニテイの中で信頼の絆を形成し、市民生活、社会生活の未来への展望を希望を持って形成しているのかという視点で捉えていくものでなければならないだろう。教室の場でも、学校の場でも、選択と効率が主軸に論じられ、管理・統制・改善がトップダウンになされる場ではなく、参加するすべての人たちの対話を通して意味が語られ、決定と判断がなされ、記録される場として機能する場である。そのために一つの望ましい授業像、学校像がモデルとなるのではない。多様な生徒に応じた多様な学校での質の検討とそのための授業の創造が今行なわれてきている。一元化や二項対立図式を超え、一人の子どもの中の多様性、一つの授業の中での多様性、一つの学校の中での学習の多様性を捉える授業研究の質的研究の試みである。それらの実践を通した対話から、改革のための多様な授業過程とその過程を捉える方法が形成され、多忙の中でも生徒に応じようとする多様な教師の真摯な専門的努力が評価されていくことが、学力の形成のためにこれからの学問と行政には強く望まれるのではないだろうか。

参考文献

秋田喜代美・恒吉僚子・村瀬公胤・杉澤武俊（二〇〇四）「授業研究に対する教師の認識——アクションリサーチの効果と授業研究の満足度規定因に注目して」日本教育心理学会第四六回総会発表論文集、五五頁。

秋田喜代美・村瀬公胤・市川洋子（二〇〇四）「中学校入学後の学習習慣の形成過程」『東京大学大学院教育学研究科紀要』四三、二〇五—二三三。

秋田喜代美（二〇〇六）「教師の力量形成——協働的な知識構築と同僚性形成の場としての授業研究」東京大学教育学研究科COE基礎学力開発センター（編）『日本の基礎学力』明石書店。

秋田喜代美・キャサリン・ルイス（編）（二〇〇八）『授業の研究　教師の学習』明石書店。

Brown, A. & Bransford, J. (2000) *How People Learn.* 森敏昭・秋田喜代美（監訳）『授業を変える——認知心理学の挑戦』北大路書房。

Clark, D. & Linn, M. (2003) Designing for knowledge integration : The impact of instructional time, *The Journal of the Learning Sciences*, 12(4), 451-494.

藤沢伸介（二〇〇二）『ごまかし勉強』（上）（下）、新曜社。

藤沢市教育文化センター（二〇〇六）藤沢市学校教育基本調査。

Fredericks, J. A., Blumenfeld, P. C., & Paris, A.H. (2004) School engagement: Potential of the concept, State of the evidence. Review of *Educational Research*, 74, 59-109.

Fujita, H. (2007) The qualifications of the teaching force in Japan. In R. M. Ingersoll, et al. (2007). *A Comparative Study of Teacher Preparation and Qualifications in Six Nations*. CPRE Organization, University of Pennsylvania. pp.41-54.

Guthrie, J.T. (Ed.) (2008) *Engaging Adlescents in Readihg*. Thousand Oaks, CA: Corwim Press.

飯田都・秋田喜代美・恒吉僚子・藤村宣之・村瀬公胤（二〇〇七）「ビジュアルエスノグラフィーによる教師の授業観の比較分析（一）算数授業への印象規定因（二）授業観の質的相違の検討」日本教育心理学会第四八回総会発表論文集、五一八―五一九頁。

市川洋子・秋田喜代美・村瀬公胤（二〇〇七）「授業のやりとりにおける学級差と記憶の関連――中学一年生の国語科一斉授業場面の分析」東京大学大学院教育学研究科基礎学力研究開発センターワーキングペーパー、二三。

国立教育政策研究所（監訳）「ＯＥＣＤ　二〇〇三　ＰＩＳＡ　二〇〇三年調査評価の枠組み」『ＯＥＣＤ生徒の学習到達度調査』ぎょうせい。

Laevers, F. (2007) PALE : A Guide for a process-oriented analysis of leaving environment. Leuven Research centre for Experimental Education.

ＯＥＣＤ（二〇〇四）『図表でみる教育ＯＥＣＤ　インディケータ（二〇〇四年版）』明石書店。

Rychen, D. S., Salganik, L. H., 立田慶裕（訳）（二〇〇六）『キーコンピテンシー――国際標準の学力をめざして』明石書店。

Sawyer, K. (Ed.)(2006) *Cambridge Handbook of the Learning Science*. Cambridge : Cambridge University Press. 森敏昭・秋田喜代美（監訳）（印刷中）『学習科学ハンドブック』培風館。

Scardamalia, M. & Bereiter, C. (2006), Knowledge Building: Theory, Pedagogy and Technology' In Sawyer, K. (Ed.) *Cambridge Handbook of the Learniug Science*. Cambridge: Cambridge University Press. pp. 97–115.

エピローグ　学力問題への問い

秋田喜代美

1　学力問題の構図

一九九〇年代から学力問題が大きな社会問題となって提起されてきたことは、この問題に対して政治的な関心が向けられ、さらにメディアがこれを追ったことに現れている。二〇〇六年の安倍政権が教育の「再生」を政治的な優先課題としてとりあげ、二〇〇七年度からの全国一斉学力調査結果が報道され、そして二〇〇八年の自民・民主の政策議論にも教育改革への具体策が論じられていった。

三つの背景

こうした学力問題の社会的な成り立ちには三つの要因があると考えられる。

第一は、現代の子どもが十分な学力を身に付けていないのではないかという不安である。一九七〇年代から八〇年代にかけての偏差値体制の昂進とさまざまな学校での問題は、学校での教育の圧力を減ずる方向での教育改革を生み出した。しかしそれと同時に、すでに子どもの学習意欲が減退し、たとえば勉強時間が減少しつつあることも認識されつつあった。バブル経済の崩壊にともなって、社会の存立基盤に対する不安が増大する中で、学力についても急速に一種のパニックが生じる可能性が生じていた。そうした転換点が一九九〇年代の半ばに生じたといえよう。

第二は、それにもかかわらず、子どもが身に付けるべき能力・資質が、これまで「学力」として捉えられてきたもので十分であるか否かについても疑問が生じた。一九八〇年代から顕著になりつつあった、不登校や引きこもりなどの、一連の退行現象が、直接には学力の基盤にある、意欲とか社会生活への関心といった要因の重要性に目を向ける大きな要因となった。同時に学力が子どもの将来にもつ意味についても疑問が生じていたといえよう。受験競争の中でも、受験で試される学力が、社会・職業生活には関係が薄いことが指摘されてはいた。しかしバブル経済崩壊後の就職「氷河期」を転機として、雇用と教育との関係にも不安が生じてきた。

第三は、学校教育そのものへの信頼性の揺らぎである。それは受験体制批判と連動した、学校の管理教育に対するメディアの批判を一つの淵源としていた。しかしそれは他方で、学校や教師の教育・管理能力への不信にもつながった。いわば矛盾する二つの不満が、学校・教師不信という一点のみについて一致し、強化されていったといえよう。またそれは教員組合の専横に対する反感、旧社会党の退潮にも象徴されている。批判と不信は、教育だけでなく政府機構の強化に対する批判、そして専門職一般の権威に対する不信感が一般に広がっていたことを背景として、さらに社会に広く浸透していった。

こうした背景から、基礎学力問題が、学校のあり方の問題として形成された。

政治化

基礎学力問題の大きな特徴は、それが教育政策というよりは、むしろ政治的な問題として、政治の論理に取り込まれたことである。

教育改革がきわめて政治的なアジェンダに組み込まれていったのは、一九八〇年代の中曽根改革以来の傾向である。一九九〇年代末からは、教育改革への国民的な議論というよりは、教育に対する危機感を梃子にして、それを政治的な支持の支えとしようとしたところに特徴がある。

そうした傾向は小泉政権においてきわめて明らかである。小泉政権の基本的なアジェンダは、福祉国家的政策の行き詰まりを背景として、それを徹底的に敵視して、弱体化させることに集中することにあった。この政策はさしあたり規制緩和、市場化的改革をその対案として掲げていたが、それがどの程度具体的な構想であったかといえば、それはきわめて疑わしい。むしろ課題は旧体制の打破であり、それによって政権としての支持を得ることに成功したのである。その改革の一つの戦場として教育が選ばれたのは不思議ではない。学力についてのパニックを、従来組織の批判に結びつけることができたからである。

しかも教育改革は、小泉改革の具体的な政策のうえでも戦術的な意味をもっていた。規制緩和はただちに学校教育の選択制に結びつく。あるいは地方財政改革の当面の主要な手段となったのは、義務教育の教員給与の国庫負担金の廃止ないし減額であった。こうした意味で学力についての不安は政治的に利用されたといえよう。

こうした傾向は安倍政権によっても基本的には継続されていた。ただし安倍政権においては、教育改革は規制緩和・市場化改革の一環としてというよりは、その解決自体が政権のもっとも重要な政治的支持の基盤となることが狙われた。それはこの政権が、戦後日本にくすぶってきた精神主義的な傾向をもつことを反映している。そしてそれは教育基本法の改正に反映された。続いて具体的な教育改革については「教育再生会議」が設定され、これが政権の一つのシンボルとなることが想定された。この改革への果断な姿勢が、政治的な支持の基礎となることが期待されたのである。

しかしその果断さは、半面で教育危機への体系的な理解を欠くものであったことは否めない。むしろ果断さを示そうとすることが、その内容の空疎さを目立たさせざるを得ないという皮肉な状況が生まれた。ただしそれは教育問題の政治化の挫折を意味するのではない。むしろ改革の空転がさらに教育の危機を生み、さらにそれが問題の政治化を生むという可能性が強い。

教育学の貧困と基礎学力研究開発センターの成果

こうした状況の中にあって、教育を対象とする教育学はどのような役割を果したのか。教育学者は上に述べた状況の中で一つの危機を際だたせる一方で、学力問題の政治化に批判をむけることはできた。しかし他方で、こうした問題が今生じつつあることの原因を明確に述べ、またそれに対する対処のしかたを示唆する点においてはその貢献はきわめて限られていたといえよう。とりわけ重要なのは、教育学者は教育学の分野におけるこれまでの研究から、学力についての問題の所在を独自に提起できなかった点である。学力問題は教育学にとって、むしろ外在的な問題であり、それにどう対処するかが課題となったにすぎない。したがって、教育学の内部で、学力問題をめぐって本質的な論点の対立が生じることもなかった。この意味で教育学の現代的な貧困が露呈されたといわねばならない。

二〇〇二〜〇六年度に活動した東京大学大学院教育学研究科基礎学力研究開発センターは、こうした意味で、教育学に基礎学力問題を持ち込む一つの切り口として計画されたといえよう。具体的には基礎学力問題を、ミクロレベルでの概念と計測の問題、メゾレベルでの教室と学校、教師の問題、そしてマクロレベルでの制度政策の問題に整理し、それぞれにおいて分析的な課題を追求するという構想のもとに組織された。そしてその五年間の活動をへて、具体的な研究成果は以下の三点に集約される。第一は、一つの段階での学力を学習目標の達成の可否として捉えるのでなく、より深層的に捉える診断形の学力評価の開発である。第二は、教室における教師と生徒との相互作用と、その環境との関係の分析である。これについては日本における学校のケーススタディと、国際比較の観点からの分析が行われた。第三は、教育改革における地方自治体の役割の分析である。これについては、教育行政の立場からと、教育社会学の立場からの二つの接近が行われた。これらの研究成果は、それら自身が基礎学力問題に対する体系的な政策に結びつくものではないけれども、将来の政策に含まれなければならないクリティカルな要素に対応するものだと考えられる。そうした意味でこの領域での一つの段階を示すものである。

しかし他面で、基礎学力研究開発センターの活動を通じて、まだ明確にされていない、あるいはむしろ重要な問題としてうかびあがってきた点がある。それは「基礎学力」というものが何であるかという点である。たしかにそれについてはこれまでも、それがどのような要因を含むものであるかについては議論がなされている。しかし教育学の核心に本来あるべき学力の概念が、なぜ今再検討されねばならないのか、そしてそれはどのような形で再編されるのかについては、必ずしも議論はまとまらなかった。むしろかえって、とくに教育哲学、教育思想における研究は、これまでの研究を基礎とする限り、こうした問題に接近することがきわめて難しいことを示したともいえる。これは教育学がその根幹において基礎学力問題をいまだに周縁の問題とせざるを得ないことを意味する。それはまた教育学の統合性自体がきわめて疑わしいことをも示している。基礎学力問題は、現代の教育学にとってむしろ中心的な問題である。それは基礎学力が提起する問題が、百年余の歴史をもつ近代公教育自体の構造的な変質を象徴する事象であるからである。

2　本書の問いと構成

そこで本書では、学力概念自体の成立と質への問い、学力低下への問い、学校教育の信頼回復への問いをミクロレベル、メゾレベル、マクロレベルで問う本を企画した。「基礎学力を問う」ことは、現代日本の公教育としての学校教育が抱える課題とこれからへの展望を浮き彫りにする一つの窓と捉え、その視座を各自独自の視座から提示することを試みている。学力の問いは基礎学力とは一体何かという内包の問いだけではなく、学力を問うことは学習指導要領や学校制度をめぐる国や地方教育委員会の教育政策・行政、指導する教師や学校組織のあり方という実践の問題、そしてそれらをどのように教育諸科学が問うてきたのかという教育学の問題という外縁の問いを相互に関連させながら含んでいる。

本書では基礎学力への問いとして、東京大学教育学研究科に現あるいは元所属した執筆者陣の専門性と組織の特徴を活かし、大きく三本の問いが立っている。第一は、基礎学力の概念の構成が、歴史的、国際的、心理・社会的になぜどのように変化してきているのかを各視点から分析し問うという理念的問いである。それによって学校教育がそだてるべき教育の質を問うという問いである。そして第二には、基礎学力について日本の子ども達の学力が低下しているという学力低下および学力において社会格差が生じているという国内外の学力調査結果に表れてきた現象を、国が歴史的に社会的になぜどのように扱ってきたのかという社会現象、社会構造の変化、教育の政治化の中での教育政策・行政レベルでの問いである。そして第三には、基礎学力の認識の社会的変革や低下・格差の議論に直面しながら、学力を育てる場である現在の学校、教師がなぜ問題を抱えており、また学力育成で何が課題でありどのような方向にむかう必要があるのかという実践的な問いである。本書各章がこの三つの問いに対してそれぞれあるいはいずれかへ応える独自の視座を提示し論じる形で本書は構成されることによって、一九九〇年代後半からなされてきた学力問題の議論の構造と現在の課題を俯瞰的に整理し、さらにそれを超えてこれからの時代への展望を出そうとしたものである。したがって特定の教科学力と教育課程の問題や学力数値分析とテストや政策のあり方等といった各論に入るのではなく、俯瞰を目的としている。

本書における学力へのアプローチは二つの点で特徴をもっている。巷にある教育批評、あるいは現状がどうであるのかという現状分析記述のみ、あるいは現状批判、理想とする規範モデルを提示して持論を主張するというアプローチではない。なぜ今学力として何が問われ、なぜ今学力低下、格差問題への対応が困難となり、なぜ学校や教師という仕事が困難になり、なぜ、どのような指導や授業のモデルが必要なのかという「なぜ」を説明すること、そしていずれの章も文献あるいは実際に各自が収集した調査資料データというエビデンスにもとづく上で、その個々を細かく論じるのではなく、それらを背景としてもちつつもその論拠からメタ化した論を提示することを試みている。この意味では一般書としてはやや難解な点も否めないかもしれない。だが、そこから一つの新たな教育学への方向を志向しうるものでもある。

三つの問いとして第一の点に関して、第1章で佐藤は、現在における状況の分析として、「学力」という日本語とachievementという英語の相違、そして学力観の多様性、PISAが提起したコンピテンシーとリテラシー概念の再吟味の問題を提起している。そして続く第2章で金子は、国際的な国民教育、福祉国家が求めてきた学力としての教科学力から、ポスト福祉国家の時代における職業能力と対処型学力へと社会経済的な時代背景の変動とともに変化してきた点、その両者の亀裂と多元的な学力観の再定義の必要性の問題を指摘している。また第3章の恒吉は欧米の学力モデルとしての教科準拠型志向と教科再構築型志向の二つの対比的モデルを東アジアにおけるバリエーションという視点から見ることによって、どのような学力がその社会において求められ有利になるのか、構築物であるという視点から学力を捉え直すことの意義を述べている。また第6章で市川は、学力低下論争の中で生まれてきた学力として、学んだ力と学ぶ力としての学力の定義を整理し、さらに認知心理学的な学力モデルを提示し、批判ではなくモデル化の重要性を指摘している。

これらに表れるのは、知識社会への社会的変化の中での学力概念の多元化、多様化要請の現状と、学力として育成すべき内容と質の転換期にあることとの歴史的比較文化的解明と指摘である。そしてその中で、日本社会がこれからに求める学力をモデルとして明示化していくことの必要性が課題として浮かび上がってくる。教科学力対対処型学力、アチーブメント対コンピテンシー、リテラシーという二項図式を越えて、学力像をいかに多元的にモデルとして構成していくかという課題である。これは教育諸科学に関わる研究者に問われる大きな課題であるだろう。と同時に、学力ならびに教育課程に関する政策立案においてどのような学力育成を日本が志向するかという課題ともつながるものである。学力はつねに測定法ならびに実施成果の解釈と連動する問題でもある。残念ながら、学力そのもののモデル化あるいはそのモデルにあった学力の測定問題は本書においても統合されたモデル化は十分になされているわけではない。今後に課された課題であると言える。しかしその中で議論すべきは、PISAが提起したポスト福祉国家型学力観を日本はどのように受けとめていくのか、グローバル化と共に日本の歴史文化的視点、独自性の中で学力そのものの柱を日本がどのようにこれらのテストとの関連の中で捉えていくかという問いがあるだろう。

第二の低下と格差の問いに関して、この議論を社会においてつねに先導してきた苅谷は、第4章で一九五〇～六〇年代と現在のテスト結果にもとづく政策対応の比較分析によって、二〇〇〇年代の学力テスト時代の政策的な特徴を示している。前者の時期の学力調査が学校間、地域間（県間）の格差を是正し教育の機会均等の実質的な確保を図るという政策課題と関連付ける意図をもち都道府県間の格差縮小に寄与してきたのに対して、現在の格差問題は県内格差の問題として生じ、貧困層の存在がクローズアップされ、学校の教育条件の均質化だけではうめられない格差の問題が生じている点を明らかにしている。そして全国学力悉皆調査における政策者側の沈黙問題の背景をこの点から分析している。低下と格差の問題が、学校という公教育の場だけの問題ではなくなっている現状の中で、社会全体が問うべき課題を提示している。学力内容の問題ではなく、学力を全国悉皆学力調査で問うという調査法およびその結果の政策への活用の有効性を問う指摘である。戦後と現代における経済格差の構造変化の中で、どのように子ども達の経済格差による学力格差問題へ対応するのか、いかなる政策的、教育実践的対策が可能となるのかまでは本巻ではいずれの章でも明確には述べられていない。しかしこの分析を起点として、多額の金額が投資されている全国調査のあり方への問い直しが政策的には求められる。

第三には、学力低下に応じた学力育成を担う学校での教員の仕事と指導の課題である。第5章で小川は、教育の質の向上のための教員の指導時間の確保を行うためには、教員の勤務実態調査結果をもとに、小学校では授業や児童の直接的指導業務の負担軽減を図る方策の必要性、中学校では部活動が超過勤務をもたらす一つの大きな要因となっていることに対する軽減方策の必要性を指摘している。そして日本の教員勤務形態の特徴を他国と比較し、給特法のもつ課題、そして過勤務軽減のための教職調整額の見直し論議に対する方向性を示唆している。学力の問題は生徒と教師の問題だけではなく、専門家としての教師の適正な勤務状況の保障へむけて財政投資の必要性と密接に関係する。学力低下や格差問題において、教師はつねにスケープゴートとされてきた。しかし教師への経済的支援が学力や教育の質の向上を生む重要要因となることを間接的に指摘している。そして第6章で市川は、学力の測定と育成において実際に学習者個人の過程におけるつまずきを測定解明しそれに対応した指導を行うプロセスをモデル化して提示し、教えて考えさせること、そしてその評価をいかしていくことの重要性を指摘している。続く第7章の秋田でも、学力定着のためには、深く理解するという教育の質が問われること、学力の問題が量やパッケージ化した指導法としてのみ議論されるのではなく、生徒の学習過程の質をより精緻化したものとして捉えていく方法とその過程を語る実践の言語の創出が必要であることを指摘している。これらは教員の労働の質、教育指導の質が生徒の授業での学習過程の質を精緻に吟味し保証するという一貫した議論の方向性の上にたっている。しかしそれらが実際に勤務実態や指導法が学力とどのような関連をもたらすのかを明確な大規模調査等で記したわけではない。これから学校の場での改革や改善が実際にどのように学力低下、格差に影響を与えるのかをさらに明示していくことが課題であるといえるだろう。

本書は学力問題を通した公教育の質の転換への見取りの地図であり、現代の政策への警鐘と問題提起である。しかしこの地図をもってどのように実際に政策、学校、授業がなされ、二一世紀の学力育成の旅が進むべきか、進んでいるのかという分析はさらにこれからに課された課題であるといえるだろう。東京大学大学院教育学研究科学校教育高度化センターでは、これらの課題を引き続き問い続けるために、「学校教育の質」をテーマとした若手プロジェクトを平成二〇年度より開始した。その試みからさらに学力の質への次の一歩を進めたい。

本書の編集に多大なる尽力を下さった東京大学出版会編集部の後藤健介さんには心より感謝を申し上げる。

執筆者紹介（五十音順）

秋田喜代美（あきた・きよみ）東京大学大学院教育学研究科教授．主要著書に『子どもをはぐくむ授業づくり』（2000年，岩波書店），『教育研究のメソドロジー』（共編著，2005年，東京大学出版会），『改訂版 授業研究と談話分析』（2006年，放送大学教育振興会）ほか．

市川伸一（いちかわ・しんいち）東京大学大学院教育学研究科教授．主要著書に『学力低下論争』（2002年，ちくま新書），『学ぶ意欲とスキルを育てる』（2004年，小学館），『「教えて考えさせる授業」を創る』（2008年，図書文化社）ほか．

小川正人（おがわ・まさひと）放送大学教養学部・大学院文化科学研究科教授．主要著書に『市町村の教育改革が学校を変える』（2006年，岩波書店），『教育経営論』（共著，2008年，放送大学教育振興会），『ガイドブック教育法』（共編著，2009年，三省堂）ほか．

金子元久（かねこ・もとひさ）国立大学財務・経営センター研究部長．主要著書に『近未来の大学像』（編著，1995年，玉川大学出版部），『教育の政治経済学』（共著，2000年，放送大学教育振興会），『大学の教育力』（2007年，ちくま新書）ほか．

苅谷剛彦（かりや・たけひこ）オックスフォード大学社会学科および現代日本研究所教授．主要著書に『教育と平等』（2009年，中公新書），『教育再生の迷走』（2008年，筑摩書房），『教育評価』（共著，2009年，岩波書店）ほか．

佐藤　学（さとう・まなぶ）東京大学大学院教育学研究科教授．主要著書に『米国カリキュラム改造史研究』（1990年，東京大学出版会），『教育改革をデザインする』（1999年，岩波書店），『学びの快楽』（1999年，世織書房）ほか．

恒吉僚子（つねよし・りょうこ）東京大学大学院教育学研究科教授．主要著書に『人間形成の日米比較』（1992年，中公新書），*The Japanese Model of Schooling* (2001, RoutledgeFalmer)，『子どもたちの三つの危機』（2008年，勁草書房）ほか．

基礎学力を問う　21世紀日本の教育への展望

2009年６月24日　初　版
2010年４月28日　第３刷

［検印廃止］

編　者　東京大学 学校教育高度化センター

発行所　財団法人　東京大学出版会

代表者　長谷川寿一

113-8654 東京都文京区本郷7-3-1 東大構内
http://www.utp.or.jp/
電話 03-3811-8814　Fax 03-3812-6958
振替 00160-6-59964

印刷所　株式会社暁印刷
製本所　株式会社島崎製本

ISBN 978-4-13-051316-6　Printed in Japan